BASIC
CZECH II

Ana Adamovičová
Darina Ivanovová
Milan Hrdlička

UNIVERZITA KARLOVA V PRAZE
NAKLADATELSTVÍ KAROLINUM 2014

Recenzenti: doc. PhDr. Karel Šebesta, CSc.
PhDr. Helena Confortiová, CSc.

ISBN 978-80-246-2514-0

Basic Czech II follows on to Basic Czech I. The textbook contains 7 lessons (about 1000 words and phrases). It can be used both in intensive courses and two-semester courses. The main emphasis is on communication methods based on an action-oriented approach. The textbook meets the level A2 (actively) to B1 (passively) of the Common European Framework for languages.

The basics of the Czech grammar are gradually explained through smooth and systematic mastering of vocabulary and conversational phrases dealing with particular themes: daily routine, shopping, celebrations, housing, family, health and diseases, appearance and character features, fashion and clothing etc. Well-arranged tables of Czech declension and verbal phrases, as well as the key to the exercises are included. The audio with the texts and dialogs is available in MP3 at www.cupress.cuni.cz.

All words and phrases used in the texts and exercises, except the verbs and prepositions included in the tables together with their English equivalents (inside of each lesson), can be found in the Vocabulary section at the end of each lesson. If the verb has two forms (aspect), the imperfective verb is always mentioned first. The number used in brackets refers to the type of conjugation.

We would like to thank the reviewers of our textbook, Mrs. Helena Confortiová and Mr. Karel Šebesta for their useful comments.

Special thanks to our colleague Neil Bermel from the University of Sheffield for proofreading the English text.

Ana Adamovičová, Darina Ivanovová,
Milan Hrdlička
Institute of Czech Studies,
Faculty of Arts
Charles University, Prague

Contact to authors:
ana.adamovicova@ff.cuni.cz
darina.ivanovova@ff.cuni.cz
milan.hrdlicka@ff.cuni.cz

Basic Czech II je pokračováním titulu Basic Czech I. Skládá se ze 7 lekcí (kolem 1000 slov a frází) a metodicky vychází z komunikativního a komparativního přístupu. Učebnice se dá použít jak v intenzivních, tak dvousemestrálních kurzech. Odpovídá úrovni A2 (aktivně) až B1 (pasivně) Společného evropského referenčního rámce pro jazyky.

Postupně se zde rozvíjejí základy české gramatiky pomocí plynulého a systematického osvojování slovní zásoby a konverzačních frází vážících se k jednotlivým tématům: denní režim, nákupy, oslava, bydlení, rodina, zdraví a nemoc, vzhled a povahové vlastnosti, móda a oblečení apod. Součástí učebnice jsou přehledné tabulky české deklinace a slovesných valencí. Nahrávky textů a dialogů jsou ve formátu MP3 ke stažení na webových stránkách www.cupress.cuni.cz.

Slovníčky na konci každé lekce obsahují všechna slova a fráze použité v textech a ve cvičeních, vyjma sloves a předložek zahrnutých do tabulek v jednotlivých lekcích spolu s jejich anglickými ekvivalenty. Má-li sloveso dva vidy, nedokonavé (imperfektivní) sloveso se vždy uvádí jako první. Číslo uvedené v závorce se vztahuje k typu konjugace.

Rádi bychom poděkovali recenzentům učebnice, PhDr. Heleně Confortiové, CSc., a doc. PhDr. Karlu Šebestovi, CSc., za jejich užitečné připomínky. Zvláštní poděkování patří kolegovi dr. Neilu Bermelovi z Sheffieldské univerzity za korekturu angličtiny.

Ana Adamovičová, Darina Ivanovová,
Milan Hrdlička
Ústav bohemistických studií
Filozofická fakulta
Univerzita Karlova v Praze

Kontakt na autory:
ana.adamovicova@ff.cuni.cz
darina.ivanovova@ff.cuni.cz
milan.hrdlicka@ff.cuni.cz

OBSAH
CONTENTS

OBSAH
CONTENTS

OBSAH
CONTENTS

Genders, declension and number (Rody, deklinace a číslo):

M   – masculine (mužský rod)
Mi.   – masculine inanimate (mužský neživotný)
Ma.   – masculine animate (mužský životný)
F   – feminine (ženský rod)
N   – neuter (střední rod)
h.   – hard (tvrdá)
s.   – soft (měkká)
sg.   – singular (jednotné číslo)
pl.   – plural (množné číslo)

cons. – consonant (souhláska)

Cases (Pády):

Nom.   – nominative (nominativ)
Gen./G. – genitive (genitiv)
Dat./D. – dative (dativ)
Acc./A. – accusative (akuzativ)
Voc.   – vocative (vokativ)
Loc./L. – locative (lokál)
Instr./I. – instrumental (instrumentál)

Parts of speech (Slovní druhy):

V   – verb (verbum, sloveso)
S   – substantive (noun) (substantivum, podstatné jméno)
adj.   – adjective (adjektivum, přídavné jméno)
adv.   – adverb (adverbium, příslovce)
prep. – preposition (prepozice, předložka)
pron. – pronoun (pronomen, zájmeno)

Verbs (Slovesa):

i.   – imperfective verb (imperfektivní, nedokonavé)
p.   – perfective verb (perfektivní, dokonavé)

Symbols (Symboly):

▶   – available in MP3 at (dostupné na) www.cupress.cuni.cz
▲   – lexical explanation (lexikální poznámka)
≫   – grammatical explanation (gramatická poznámka)
!   – attention (pozor – všimněte si)
*   – note (poznámka)

JE TO OPRAVDU ŠPATNÁ KOLEJ, NEBO…?
IS IT REALLY A BAD HOSTEL OR…?

HANNA A JUAN V PRAZE ▶

Hanna bydlí na koleji Jižní Město. Je to nová kolej, ale je moc daleko od centra. Hanna není spokojená. Musí vstávat brzo ráno a každý den musí jezdit metrem. Jízda tam a zpátky trvá asi hodinu. Hanna chce bydlet na koleji Komenského. Kolej Komenského je taky celkem nová kolej a není tak daleko jako Jižní Město. Není to ale jediný důvod, proč Hanna nechce bydlet na koleji Jižní Město. Víte, kdo bydlí na koleji Komenského? Bydlí tam její kamarád Juan. Hanna chce být tam, kde je on. Juan se Hanně líbí. Možná že **ho** má ráda. Ještě to neví jistě, ale zdá se, že je to pravda. Uvidíme.
Neví, co **má** dělat. Může napsat žádost o místo na koleji Komenského. Ještě neumí tak dobře česky, ale její česká kamarádka Hana **jí** může pomoct.

■ 1. Respond (Odpovězte):

Proč je Hanna nespokojená?
Jaký je její problém? _____

Je kolej Jižní Město moderní,
nebo stará? _____

Je blízko, nebo daleko
od centra? _____

Jak dlouho trvá
jízda metrem? _____

Proč se Hanně nelíbí
kolej Jižní Město? _____

Kde chce Hanna bydlet? _____

Proč chce Hanna bydlet
na koleji Komenského? _____

Má Juan rád Hannu? _____

Co chce Hanna napsat? _____

Umí Hanna dobře česky? _____

Kdo Hanně může pomoct? _____

▲ daleko od – *far away from*
zdá se, že ho má ráda – *it seems that she likes him*
psát – napsat: Píšu žádost. Musím napsat žádost. – *I must do an application.*
vidět – uvidět: Vidím dobře. Uvidím... – *I'll see...*
žádat o něco – *to request, ask for something*, žádost – *application form*
může jí pomoct – *she can help her*

» JET – JEZDIT
– **Kdy jede** vlak na Karlštejn?
– Vlak jede v 9.45.
– **Jak často jezdí** vlaky na Karlštejn?
– Vlaky jezdí každou hodinu.
Hanna jezdí každý den metrem.

↓

jízda metrem; jízdenka / lístek na tramvaj

JÍT – CHODIT
– **Kam jdeš?**
– Jdu na fakultu.
– **Chodíš** na fakultu **každý den?**
– Chodím tam skoro každý den.
Hanna chodí každý den na fakultu.

↓

chůze (pěšky); chodník – pavement

■ 2. Respond (Odpovězte):

Kde bydlíš? _____

Máš byt, nebo pokoj? _____

Jaký je tvůj byt? _____

Jaká je vaše kolej? _____

Je moderní, nebo stará? _____

Je blízko centra? _____

Jsi spokojený/á? Proč? _____

Co se ti nelíbí? _____

Jak se jmenuje váš spolubydlící? _____

Odkud je? _____

Jak se jmenuje tvoje spolubydlící? _____

Odkud je? _____

» spolubydlící ← spolu bydlet; můj, moje spolubydlící → *(soft adj. decl.)*
Mám moderního spolubydlíc**ího** (M). Mám moderní spolubydlící (F).

PRESENT TENSE – 2ND TYPE

SMĚT: Smím – *I may*			! Nesmím – *I must not* !		
(já)	smím	-ÍM	(my)	smíme	-ÍME
(ty)	smíš	-ÍŠ	(vy)	smíte	-ÍTE
(on) (ona) (ono)	smí	-Í	(oni) (ony) (ona)	smí/smějí	-Í/-ĚJÍ

»

MUSÍM SMÍM + INFINITIV MŮŽU	Musím jít. Smím tady kouřit? Můžu otevřít okno?

SMÍM MŮŽU + AKUZATIV	Dáš si whisky? – Já nesmím alkohol. Dáš si ještě kávu? – Díky, už nemůžu.

■ 3. Fill in the missing verbs (Doplňte chybějící slovesa):

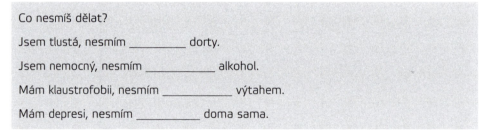

Co nesmíš dělat?

Jsem tlustá, nesmím _____ dorty.

Jsem nemocný, nesmím _____ alkohol.

Mám klaustrofobii, nesmím _____ výtahem.

Mám depresi, nesmím _____ doma sama.

■ 4. Respond the questions in the following way
(Odpovězte na otázky následujícím způsobem):

Chceš jít do kina?   Ano, chci (jít do kina). A oni chtějí taky.

                        Ne, nechci jít do kina! A oni taky nechtějí.

Chceš vidět ten nový film? _____

_____

Chceš jet na výlet? _____

_____

Chceš jít na procházku?_____

_____

Chceš číst ty noviny?_____

_____

Chceš spát?_____

_____

Chceš si dát zmrzlinu?_____

_____

Chceš si vzít ty boty?_____

_____

VOKATIV – OSLOVENÍ
THE VOCATIVE CASE – ADDRESSING

	ending		nominative	vocative	
M	*hard*		pan, profesor, Kar**e**l	pan**e**! profesor**e**! Karl**e**!	**+ E!**
	cons. change	**-c, -k → č** **-h → ž** **-tr → ř**	chlape**c**, člově**k** B**ů**h bra**tr**, Pe**tr**	chlap**če**! člově**če**! Bo**že**! bra**tře**! Pe**tře**!	**+ E!**
		-K **-CH**	kluk, Mar**e**k + syn Bedřich	kluk**u**! Mark**u**! syn**u**! Bedřich**u**!	**+ U!**
	soft (+ -tel, -s, -z, -x)		Tomáš, Klaus, učitel	Tomáš**i**, Klaus**i**, učitel**i**!	**+ I!**
F	**-A (+ M -a)***		Hana, slečna, Honza	Han**o**! slečn**o**! Honz**o**!	**-A → -O!**
	-E		Marie, Lucie	Marie! Lucie!	

» pan Novák, paní Nováková → pane Novák(u)!, paní Nováková!
pan Nový, paní Nová → pane Nový!, paní Nová!

* Only a few Czech words of masculine gender have the ending -a, e.g. turista, předseda (chairman), kolega, pianista, kytarista, hokejista, fotbalista, some surnames as Smetana, Kundera etc., as well as a few nicknames: Jan – Honza, Jiří – Jirka, Josef – Pepa, Jindřich – Jindra, Jakub – Kuba.

**■ 5. Turn to somebody from your group and ask him
(Obraťte se na někoho ze skupiny a zeptejte se ho):**

a) Honzo, chceš ještě kávu?　　– Ano, chci ještě. / Dám si ještě kávu.
　　　　　　　　　　　　　　　– Děkuju, už nechci, už nemůžu.

_____, chceš ještě maso?

_____, chceš ještě knedlíky?

_____, chceš ještě becherovku?

_____, chceš ještě whisky?

_____, chceš ještě bílé víno?

_____, chceš ještě omáčku?

_____, chceš ještě jeden koláč?

_____, chceš ještě jednu pizzu?

_____, chceš ještě jednu kolu?

_____, chceš ještě jedno pivo?

_____, chceš ještě jeden čaj?

_____, chceš ještě jednu zmrzlinu?

_____, chceš ještě jeden džus?

b) Hanko, můžu…?　　– Ano, jistě (že) můžeš… Proč se ptáš?
　　　　　　　　　　– Ne! Víš, že nesmíš!… Jak se můžeš ptát!

_____ tady kouřit?

_____ otevřít okno?

_____ se dívat na televizi?   _____
                                        _____

_____ jít domů?   _____
                                        _____

_____ si půjčit tvoje pero?   _____
                                        _____

_____ pít tvoje pivo?   _____
                                        _____

_____ si dát tvůj rohlík?   _____
                                        _____

_____ si půjčit tvoje auto?   _____
                                        _____

_____ si dát ještě jedno pivo?   _____
                                        _____

_____ poslouchat rádio?   _____
                                        _____

>> **mám + infinitiv = *I should***

Potřebuju pomoc! Potřebuju poradit! Mám dilema:

Nevím, **co mám** **dělat:**
               ?

Mám pracovat,   nebo   studovat?
Mám jít do kina,   nebo   do divadla?
Mám jet na Karlštejn,   nebo   na Konopiště?
Mám si dát kávu,   nebo   kolu?

■ **6. Modify in the following way (Upravte následujícím způsobem):**

Juane, co chceš dělat?   – Nevím, co **mám** dělat.   – Můžeš třeba studovat.

_____, co chceš číst?   – Nevím, _____.   _____.
_____, kam chceš jet?   – Nevím, _____.   _____.
_____, kam chceš jít?   – Nevím, _____.   _____.
_____, kde chceš bydlet? – Nevím, _____.   _____.
_____, co chceš studovat? – Nevím, _____.   _____.
_____, co si dáš k jídlu? – Nevím, _____.   _____.
_____, co si dáš k pití? – Nevím, _____.   _____.

ZNÁTE JUANA?

Zítra je sobota a Juan může konečně dlouho spát. Naštěstí! Juan nerad vstává brzo ráno. Budík je jeho velký nepřítel! Celý týden musel každý den vstávat brzo: v pondělí v 7.30, v úterý v 7.10, ve středu v 7, ve čtvrtek v 7.15 a v pátek v 7.45! To není možné, a proto Juan vždy chodil pozdě. „Promiňte, že jdu pozdě", to byla jeho první česká věta. Ráno Juan nikdy nemá čas snídat, nemyje se, nesprchuje se, neholí se… Rychle se obléká a utíká na tramvaj. Na nic nemá čas! Je unavený, ospalý, má hlad, má vousy, ale je spokojený: může myslet na Hannu. Chce **na ni** myslet!
Musí **na ni** myslet! A taky se **na ni** těší každý den! Jen to je **pro něho** důležité.

■ **7. Respond (Odpovězte):**

Co musíš dělat ráno? _____

V kolik hodin musíš vstávat v pondělí? _____

Musíš ráno pít kávu? _____

Musíš hodně studovat? _____

Jak dlouho musíš spát? _____

Jsi ranní ptáče*, nebo noční pták**? _____

Jak často musíš telefonovat domů? _____

Musíš pít pivo každý den? _____

Musíš studovat každý den? _____

Co byla tvoje první česká věta? _____

Kdy Juan může spát dlouho? _____

Musí Juan vstávat každý den brzo ráno? _____

V kolik hodin Juan vstává v sobotu? _____

Proč Juan chodí pozdě? _____

Kdo je jeho velký nepřítel? _____

Co Juan ráno nedělá? _____

Na koho Juan musí myslet? _____

Na koho ty musíš myslet? _____

Na koho se Juan těší? _____

Na koho se ty těšíš? _____

Je Juan opravdu líný, anebo…? _____

Juane, nesmíš zoufat, musíš doufat!!!

* Ranní ptáče dál doskáče! – *The early bird jumps / springs further (e.g. gets the warm).*
** noční pták – *night bird (e.g. night owl)*

KOLIK JE HODIN?

sedm hodin

čtvrt na osm

půl osmé

tři čtvrtě na osm

sedm hodin A deset minut
ZA pět minut **čtvrt na osm**

čtvrt na osm A osm minut
ZA sedm minut **půl osmé**

půl osmé A sedm minut
ZA osm minut **tři čtvrtě na osm**

tři čtvrtě na osm A sedm minut
ZA osm minut **osm hodin**

>> <u>V kolik hodin?</u> V + Acc.

| v | jednu | hodinu | ve čtvrt na jednu, ve tři čtvrtě na jednu |

| ve | dvě
tři
čtyři } | hodiny | ve dvě hodiny ! dvě hodiny (*two hours*) |

| v | pět
šest
sedm } | hodin | v pět hodin ! pět hodin (*five hours*)
v půl jedné, druhé, třetí, čtvrté, páté... |

JUAN STÁLE JEŠTĚ NEVÍ, KOLIK JE HODIN ▶

Juan: Honzo, můžu se na něco zeptat?
Honza: Samozřejmě!
Juan: Proč 7.15 říkáte čtvrt na osm?
Honza: Protože myslíme na to, co bude.
Juan: Co bude?
Honza: Bude osm hodin.
Juan: Myslíte na budoucnost?
Honza: Ano! Už když je 7.10, začínáme myslet na 8 hodin.
        Říkáme za pět minut čtvrt na osm.
Juan: Moc zajímavé! Proto ty můžeš vstávat brzo a já ne! Za pět minut čtvrt
        na osm je pro mě 7.10! A je to moc brzo!!!
Honza: Asi máš pravdu.

▲   ptát se – zeptat se: Chci se zeptat, Můžu se zeptat – *I want / can I ask*

■ 8. Write what time is (Napište, kolik je hodin):

Kolik je hodin?
Je za dvě minuty čtvrt na devět. _____
Je tři čtvrtě na devět a dvě minuty. _____
Je tři čtvrtě na deset a osm minut / za sedm minut deset hodin. _____
Je deset hodin a dvanáct minut / za tři minuty čtvrt na jedenáct. _____
Je za čtyři minuty tři čtvrtě na čtyři. _____
Nevím, nemám hodinky.

* Jen nemůže vstávat tak brzo.

DÍVAT SE:

já	jsem	se	díval/a nedíval/a	my	jsme	se	dívali/y nedívali/y
ty		**ses**	díval/a nedíval/a	vy	jste	se	dívali/y nedívali/y
on		se	díval nedíval	oni		se	dívali nedívali
ona		se	dívala nedívala	ony		se	dívaly nedívaly
ono		se	dívalo nedívalo	ona		se	dívala nedívala

» *Word order* (slovosled)*:*

	❷				❷	❸	
Já	jsem	jel/a.		Já	jsem	se	díval/a.
Ráno	jsem	jel/a.		Ráno	jsem	se	díval/a.
Dnes brzo ráno	jsem	jel/a.		Dnes brzo ráno	jsem	se	díval/a.
Jel/a	jsem.			Díval/a	jsem	se.	

Nejel/a	jsem	na Moravu,	**protože**	jsem	jel/a	na Slovensko.
Jel/a	jsi	na Moravu,	**nebo**	jsi	jel/a	na Slovensko?

ALE!

Nejel/a	jsem	na Moravu,	**ale**	jel/a		jsem	na Slovensko.
Myslel/a	jsem	na pivo	**a**	dal/a	jsem	si	pivo.

» *Negative form* (zápor)*:*

Nedíval/a jsem se.

» *2ⁿᵈ person sg. reflexive verb*

dívat se	→	díval/a	**(jsi + se)**	**SES**
dát si	→	dal/a	**(jsi + si)**	**SIS**

■ **9. Answer the questions (Odpovězte na otázky):**

Jel/a jsi na výlet?   – Ano, jel/a jsem na výlet.

– Ne, nejel/a jsem na výlet.

Vstával/a jsi dnes brzo?   _____

Snídal/a jsi něco?   _____

Říkal/a jsi, že je to pravda?   _____

Zpíval/a jsi Vínečko bílé?   _____

Čekal/a jsi dlouho?   _____

Obědval/a jsi v restauraci?   _____

Říkal/a jsi něco?   _____

Myslel/a jsi na něco?   _____

Mluvil/a jsi anglicky?   _____

Rozuměl/a jsi, co říkám?   _____

Uměl/a jsi otázky z testu?   _____

Viděl/a jsi včera Juana?   _____

Trénoval/a jsi basket?   _____

Cestoval/a jsi někdy do Itálie?   _____

Telefonoval/a jsi domů?   _____

Díval/a ses včera na televizi?   _____

Díval/a ses večer na zprávy? _____

_____

Ptal/a ses na něco? _____

_____

Učil/a ses nová slovíčka? _____

_____

Těšil/a ses na kamarádku? _____

_____

Zajímal/a ses o politiku? _____

_____

Oblékal/a ses vždy moderně? _____

_____

Dal/a sis pivo? _____

_____

Koupil/a sis lístek? _____

_____

Koupil/a sis opencard? _____

_____

Platil/a jsi pokutu? _____

_____

» kupovat *(proces)* – koupit *(rezultát)*:
Koupil jsem lístek. → Mám to, co jsem kupoval!
koupit si – *to buy for one's own use*

■ **10. Fill in the table (Doplňte do tabulky):**

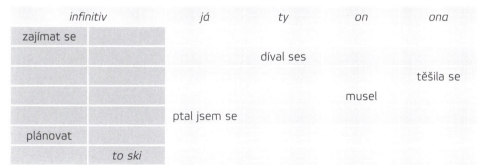

infinitiv		já	ty	on	ona
zajímat se					
			díval ses		
					těšila se
				musel	
		ptal jsem se			
plánovat					
	to ski				

infinitiv		my	vy	oni
	to see			
				hráli
			oblékali jste se	
		věděli jsme		
			učili jste se	
	to wash oneself			

■ **11. Fill in the past tense of the appropriate verb from the table above (Doplňte do vět vhodné sloveso z tabulky v minulém čase):**

Vy znáte ten film?! (my) _____ _____, že (vy) _____ _____ ten film.

(ty) _____ _____ včera večer na televizi? – (já) _____ _____ _____,

protože já doma nemám televizi.

Jak dlouho (vy) ____ ___ _____ na zkoušku? – (my) _____ _____ _____ jen čtyři

dny. – To asi nestačilo. – Máte pravdu, nestačilo to.

(ty) _____ ____, že Juan má novou přítelkyni? – To (já) _____ ne _____!

Kdo to je? Jak se jmenuje? Odkud je? Je hezká? – Jmenuje se Hanna. Víc nevím.

Včera byla sobota a Juan _____ vstávat brzo.

(ty) _____ _____ nějaký výlet? My chceme jet na Konopiště. – Děkuju, ale já

mám jiný plán.

_____ __ Hana vždy moderně? – Nemyslím si, že je Hana moc moderní.

(já) _____ ___ __ na víkend a už je zase pondělí a já musím do školy! – V pátek

bude další! Můžeš se zase těšit! – Ale musím taky čekat!

(vy) _____ ___ minulý rok? – Bohužel ne. My nemáme lyže.

Hraješ na něco? – Bohužel už ne, ale _____ ____ na piano. Už neumím.

Včera jsem hledala metro. Nevěděla jsem, kde je stanice metra. _____ ___ __

jedné paní, ale nerozuměla jsem, co říkala. – A co jsi dělala? – Jela jsem taxíkem.

Vždy (ty) ____ _____ o umění? – Ano, vždy _____ ____ _____ o umění.

Vždy (ty) _____ ráno _____ studenou vodou?

■ **12. Put into the past tense (Dejte do minulého času):**

Jak často voláš domů? _____

Čekáte na kamarády? _____

Hledají nový byt. _____

Víš to? _____

Vaříme večeři. _____

Myslí to dobře. _____

Musíme jít. _____

Kde bydlíte? _____

Potřebujete něco? _____

Jedeme do Německa. _____

Rád cestuju. _____

Pracujou celý den. _____

Výtah nefunguje. _____

Prší celý den. _____

Vidíš dobře? _____

Rozumíš? _____

Dívají se na katalog? _____

Zajímáš se o historii? _____

To stačí. _____

Díváš se večer na televizi? _____

Mluvíme dobře anglicky. _____

Jak dlouho se učíš česky? _____

Doufám, že nekouříš. _____

Na co se ptáš? _____

Proč se o to zajímáš? _____

Na koho se těšíš? _____

Na co myslíte? _____

Co děláš o víkendu? _____

Nerada poslouchám džez. _____

Kde budete bydlet? _____

Kam budeš cestovat? _____

Jak se jmenuje vaše kočka? _____

Proč to potřebuješ vědět? _____

Proč tam musíme jít? _____

Nesmíte to dělat! _____

CO DĚLÁ HANNA DNES? ▶

Dnes Hanna vstává v 7 hodin. Sprchuje se, myje si vlasy, čistí si zuby. Potom 15 minut cvičí jógu. Snídá rohlík, máslo a čaj. Spěchá na tramvaj. Ve 12 hodin čeká na Juana. Juan nikdy nechodí včas. Hanna to ví, a proto se nezlobí. (Dobře **ho** zná, zná **ho** jako svoje boty!) Celé ráno **na něho** myslí a těší se **na něho**. Tam je! Konečně **ho** vidí! Je unavený, ospalý, není oholený, ale Hanně se líbí. Obědvají spolu. Odpoledne tráví taky spolu. Dívají se na programy pražských kin. Je tam jeden dobrý film, ale oni bohužel musí studovat. To nevadí: hlavně že jsou spolu! Večer Hanna připravuje večeři. Večeří rybu a pijou moravské víno, které má Hanna ráda. Juan je tak šťastný, že si asi myslí, že večeří maso a pije pivo. Rybu a víno totiž Juan nesnáší. Anebo už ano?

»   myju **se**   *I wash **myself***
!   myju **si** vlasy   *I wash **my** hair*   !
     myl **sis** vlasy   *You washed **your** hair*

▲   znát někoho jako svoje boty – *to know somebody like one's boots, e.g. to know sb. like the back of one's hand*

■ 13. Retell in the past tense (Vyprávějte v minulém čase):

Co _____ Hanna včera?

Včera Hanna _____ v 7 hodin. _____ ____, _____ ____ vlasy,

_____ ____ zuby. Potom 15 minut _____ jógu. _____ rohlík, máslo a čaj.

_____ na tramvaj. Ve 12 hodin _____ na Juana.

Juan nikdy _____ včas. Hanna to _____, a proto ____ _____.

Celé ráno na něho _____ a _____ ____ na něho. Tam je! Konečně

ho _____! _____ unavený, ospalý, _____ oholený, ale Hanně ____ _____.

_____ spolu. Odpoledne _____ taky spolu. _____ ____ na programy

pražských kin. _____ tam jeden dobrý film, ale oni bohužel _____ studovat.

To nevadí: hlavně že _____ spolu. Večer Hanna _____ večeři. _____ rybu

a _____ moravské víno, které má Hanna ráda. Juan ____ tak šťastný,

že ___ asi _____, že _____ maso a _____ pivo. Rybu a víno Juan totiž

nikdy _____. Anebo už ano?

	já	ty	on	ona	ono / to	my	vy	oni
1.	Mě	Tebe	Jeho	Ji	Jej	Nás	Vás	Je
2.	… mě	… tě	… ho/jej	… ji	… ho/jej	… nás	… vás	… je
3.	na mě	na tebe	na **něho/něj**	na **ni**	na **něj**	na nás	na vás	na **ně**

1. Mě neznáš? 2. Neznáš mě? / Myslím, že mě nezná. 3. Díváš se na mě.

Kdo to **je**?
To **je** Juan. A tam **je** pan Krátký a pan Short.
Pan Krátký a pan Short? Nevidím **je**.
Díváš se na ně a nevidíš **je**.
Nevidím **je**, protože **je** neznám.
Juana taky neznáš a vidíš ho.
(„To **je** logika! **Jeho** nezná a vidí ho, **je** nezná a nevidí je! To je **jeho** problém!")

■ 14. Read (Čtěte):

Znáte mě? Mě neznáte? Dívá se na mě. Má mě rád.
Znám tě. **Tebe** znám. Těším se **na tebe**. Mám tě rád.
Znám ho. **Jeho** znám. Čekám **na něho**. Mám ho ráda.
Znám ji. Ji znám. Myslím **na ni**. Mám ji rád.
Znají nás. Nás neznají? Zajímají se o nás. Mají nás rádi.
Znají vás. Vás znají. Mají pro vás dárek. Mají vás rádi.
Znají je. Je znají. Ptají se **na ně**. Mají je rádi.
Potřebuje mě / nás / vás / je, **nebo tebe** / jeho?
Nepotřebuje ani mě, **ani tebe** / **ani jeho**, ani ji.

■ 15. Fill in the correct forms of personal pronouns in the accusative
(Doplňte správné tvary osobních zájmen v akuzativu):

Prosím (vy) _____, kolik je hodin?

Často myslím na (on) _____.

Máte něco pro (my) _____?

(On) _____ nechci vidět!

Zlobí se na (já) _____.

Vidíte (oni) _____? Jsou tam vzadu.

Čekáme na (oni) _____ už dlouho.

Taky se těšíte na (ona) ____?

Já (ona) ____ neznám.

(Ty) _____ to nemusí zajímat!

Mám (ty) ____ ráda! – Já (ty) ____ taky.

(Já) ___ nepotřebujete?

Posloucháš mě? Ano, poslouchám (ty) _____ a dívám se na (ty) _____.

Posloucháš ho? Ano, poslouchám (on) _____ a dívám se na (on) _____.

Máš ji rád? Ano, mám (ona) _____ moc rád a těším se na (ona) _____.

Máš je rád? Ne, nemám (oni) _____ rád a nechci na (oni) _____ myslet!

■ **16. Replace the noun in the question with personal pronoun in the answer (Nahraďte podstatné jméno v otázce osobním zájmenem v odpovědi):**

Juane, myslíš na Hannu? – Ano, myslím na _____.

Hanno, čekáš na Juana? – Ano, čekám na _____.

Těšíte se na kamarády? – Ano, těšíme se na _____.

Viděl jsi ten film? – Ne, neviděl jsem _____.

Dívala ses včera večer na televizi? – Ne, nedívala jsem se na _____.

Těšíte se na zkoušky? – Opravdu se na _____ netěšíme.

■ **17. Replace the nouns with the personal pronouns in the accusative (Nahraďte podstatná jména osobními zájmeny v akuzativu):**

Co hledáš?

Hledám (klíč, tužku, pero, brýle)   ____ ____ ____ ____

Co čteš?

Čtu (časopis, knihu, noviny)   ____ ____ ____

Co jíš?

Jím (banán, čokoládu, ovoce)   ____ ____ ____

Na co se díváš?

Dívám se na (film, fotku, slunce)   na___ na___ na___

(To nesmíš! Budeš potřebovat brýle!)

O co se zajímáš?

Zajímám se o (fotbal, filozofii, divadlo)   o___ o___ o___

Na co se těšíš?

Těším se na (víkend, saunu, pivo, prázdniny)   na___ na___ na___ na___

Na koho se těšíš?

Těším se na (přítele, Marii, kamarády, děti)   na___ na___ na___ na___

Na co myslíš?

Myslím na (oběd, večeři, jídlo, špagety)   na___ na___ na___ na___

(Asi máš hlad!)

Mám radost z + Gen.	=	Těší **mě** + Nom.
Mám zájem o + Acc. / zajímám se o + Acc.	=	Zajímá **mě** + Nom.
O co **máš** zájem? / O co se zajímáš?	=	Co **tě** zajímá?

■ **18. Modify the sentences in the following way (Upravte věty následujícím způsobem):**

Mám zájem o hudbu. / Zajímám se o hudbu.   Zajímá mě hudba.

Máš zájem o literaturu? / Zajímáš se o literaturu?   _____

Má zájem (on) o politiku. / Zajímá se o politiku.   _____

Má zájem (ona) o džez. / Zajímá se o džez.   _____

Máme zájem o historii. / Zajímáme se o historii.   _____

Máte zájem o prezidenta? / Zajímáte se o prezidenta?   _____

Nemají zájem o nic. / Nezajímají se o nic.   _____

zajímá mě + CLAUSE

Nevím, kde bude bydlet Hanna. = Jsem zvědavý (nevím, ale chci vědět),
kde bude bydlet. = Zajímá mě, kde bude bydlet Hanna.

■ **19. Say what are you intersted in (Řekněte, co vás zajímá):**

Nevím, jaký je večer koncert v Roxy.

jestli Juan má rád Hannu.   _____

kdy budeš mít čas.   _____

proč se učíš česky.   _____

jak se má Honza.   _____

kolik tady stojí pivo.   _____

jak končí ta kniha.   _____

jaké zítra bude počasí.   _____

Mám radost, že tě vidím! Mám z toho radost.	=	Těší mě, že tě vidím. Těší mě to.

■ **20. Modify the sentences in the following way
(Upravte věty následujícím způsobem):**

| Máš radost, že jsi tady? | Těší tě, že jsi tady? |

Má radost (on), že zná Hannu.	_____
Má radost (ona), že zná Juana.	_____
Máme radost, že už mluvíme česky.	_____
Taky máte z toho radost?	_____
Mají radost, že jsou v Praze.	_____

HONZU BOLÍ ZUB ▶

Honza:	Bolí mě zub!
Juan:	Mrzí mě, že tě bolí zub!
Honza:	Auuu, to je strašné!!!
Juan:	Znáš nějakého dobrého zubaře v Praze?
Honza:	To je problém. Nemám rád zubaře!!! A nechci znát zubaře!!!
Juan:	Prosím tě, to je hloupé. Co chceš dělat? Nebudeš spát, nebudeš jíst…
Honza:	Tady mám nějaký prášek.
Juan:	Prášek nepomůže. Musíš k zubaři. Jdeme!
Honza:	Juane, ne, už mě ten zub nebolí!!!
Juan:	Jak myslíš, je to tvoje věc!

■ **21. Modify the sentences in the following way
(Upravte věty následujícím způsobem):**

| Ten film jsem neviděl. | – Mrzí mě, že jsi neviděl ten film. |

Platil jsem pokutu!	_____
Byl jsem nemocný.	_____
Už nemám peníze.	_____
Čekal jsem na tebe dlouho.	_____
Musím bydlet na koleji.	_____
Už mě to nezajímá!	_____

» *These constructions are used to express feelings of happiness* (**těší mě**) *or
sorrow* (**mrzí mě**).

Mi. + N + F cons.	Nom. sg. = Acc. sg.	To je můj dům. To je moje pivo. To je moje skříň.	Znáš můj dům. Piješ moje pivo. Vidíš mo**ji** skříň.

	Nom. sg. – To je:		Acc. sg. – Znáš:	
	Ma.	**F**	**Ma.**	**F**
já	můj kluk	moje / má holka	m**ého** kluk**a**	mo**ji** / mou holk**u**
ty	tvůj přítel	tvoje / tvá přítelkyně	tv**ého** přítel**e**	tvo**ji** / tvou přítelkyn**i**
ona	její kamarád	kamarádka, věc	její**ho** kamárad**a**	její kamárad**ku**, věc
my	náš učitel	naše učitelka	naš**eho** učitel**e**	naš**i** učitelk**u**
vy	váš pes	vaše kočka	vaš**eho** ps**a**	vaš**i** kočk**u**

» můj, tvůj → dobrý + jaký, který → *(hard adjectives declension)*
má, tvá → dobrá + jaká, která → *(hard adjectives declension)*
náš, naše; váš, vaše + moje, tvoje → *(special pronoun declension)*
její → moderní → *(soft adjectives declension)*
ten, jeden → kdo (Ma.: **to**ho, jedn**oho**, k**oho**)
ta = jedna (F: **tu**, jedn**u**)

! jeho (← on) → ***INDECLINABLE!***
jejich (← oni) ***Unchangeable forms for all cases in sg. & pl.!***

■ 22. Fill in correct forms of pronouns or adjectives in the accusative
(Doplňte správné tvary zájmen nebo adjektiv v akuzativu):

1. Znáš m**ého** nov**ého** kluka?

   Ještě neznám (ty) _____ _____ kluka. Neznám **ho**. Kdo to je?

   Ty **ho** neznáš? Ty neznáš (já) _____ kluka?

   Já nevím, že máš (nový) _____ kluka.

2. Pamatuješ se na m**ého** bratra? – Nepamatuju se na (ty) _____ bratra.

   Nepamatuješ se na ně**ho**? To mě mrzí.

   (Já) _____ taky.

3. Máš ráda m**ého** kamaráda? – (Ty) _____ kamaráda? Kter**ého**?

   Honzu.

   Ano, mám (on) _____ ráda.

4. Máme nov**ého** psa. – Jak**ého**?

   Velk**ého** a čern**ého**!

   Nechci vidět (vy) _____ psa!

5. Zajímáš se o m**ého** souseda?

   O kter**ého** (ty) _____ souseda?

   O Honzu.

   O (on) _____ se nezajímám. Já nejsem Hana.

6. Znáš mo**ji** novou holku?

   Ještě neznám (ty) _____ _____ holku. Neznám **ji**. Kdo to je?

   Ty **ji** neznáš? Ty neznáš (já) _____ holku?

   Já nevím, že máš (nový) _____ holku.

7. Pamatuješ se na mo**ji** sestru? – Nepamatuju se na (ty) _____sestru.

   Nepamatuješ se na **ni**? To mě mrzí.

   (Já) ___ taky.

8. Máš rád mo**ji** kamarádku? – (Ty) _____ kamarádku? Kter**ou**?

   Hanu.

   Ano, mám (ona) _____ moc rád.

9. Máme nov**ou** kočku. – Jak**ou**?

   Velk**ou** a čern**ou**!

   Chci vidět (vy) _____ kočku!

10. Zajímáš se o m**oji** sousedku?

    O kter**ou** (ty) _____ sousedku?

    O Hannu.

    O (ona) _____ se nezajímám. Já nejsem Juan.

■ **23. Fill in the correct forms of adjectives and pronouns in the accusative (Doplňte správné tvary adjektiv a zájmen v akuzativu):**

To je můj **dobrý** kamarád. – Mám _____ kamaráda.

Kdo to je? – **Náš nový** učitel. – Posloucháme _____ _____ učitele.

To je moje **nové** auto! – Hm, ty máš _____ auto. Ještě jsem neviděl (ty) _____ auto.

Čí je to **velké** pivo? – Moje. – Můžu si dát (ty) _____ _____ pivo? – Samozřejmě (že ne).

To je moje **dobrá** kamarádka. – Mám _____ kamarádku.

Kdo to je? – **Naše nová** učitelka. – Posloucháme _____ _____ učitelku.

Čí je ta **dobrá** voda? – Moje. – Můžu si dát (ty) _____ _____ vodu?

Samozřejmě (že ano).

CO A KOHO NE/MÁŠ RÁD/A?
WHAT & WHOM DO YOU LIKE / DON'T LIKE?

7

» To je Martin. Znáš Martin**a**? To je Martina. Znáš Martin**u**?

■ **24. Fill in the table (Doplňte tabulku):**

	CO?		KOHO?	
	mám rád/a	nemám rád/a	mám rád/a	nemám ráda
pondělí ráno				
matematika				
šéf				
pořádek				
přítel				
škola				
neděle večer				
sobota				
kamarád				
návštěva (pl.)				
rodina				
čeština				
zubař				
profesor				
politika				
náš pes				
přítelkyně				
zima				
léto				
studium				
kontrolor v metru				
Praha				
knedlík (pl.)				
čokoláda				
tvoje spolubydlící				
tvůj spolubydlící				
džez				
naše kočka				
pátek				
novinář				
soused				
sousedka				

■ **25. Answer the questions (Odpovězte na otázky):**

Rád/a studuješ? – Záleží (na tom) co. – Co?

Rád/a studuju _____ Nerada studuju _____

Rád/a posloucháš hudbu? – Záleží jakou. – Jakou?

Rád/a poslouchám _____ Nerad/a poslouchám _____

Rád/a se díváš na televizi? – Záleží na co. – Na co?

Rád/a se dívám na _____ Nerad/a se dívám na _____

Rád/a vaříš? – Záleží co. – Co?

Rád/a vařím _____ Nerad/a vařím _____

Rád/a jíš? Záleží co. – Co? (Někdo jí rád všechno, třeba Honza).

Rád/a jím _____ Nerad/a jím _____

Rád/a cestuješ? – Záleží čím. – Čím?

Rád/a cestuju _____ Nerad/a cestuju _____

Rád/a piješ víno? – Záleží které. – Které?

Rád/a piju _____ Nerad/a piju _____

Rád/a piješ kávu? – Záleží jakou. – Jakou?

Rád/a piju _____ Nerad/a piju _____

Rád/a studuješ cizí jazyky? – Záleží které. – Které?

Rád/a studuju _____ Nerad/a studuju _____

Rád/a bydlíš na koleji? – Záleží na které. – Na které?

Rád/a bydlím na koleji _____ Nerad/a bydlím _____

Rád/a nakupuješ? – Záleží co. – Co?

Rád/a nakupuju _____ Nerad/a nakupuju _____

– Záleží kde. – Kde?

Rád/a nakupuju _____ Nerad/a nakupuju _____

Rad/a čteš? – Záleží co. – Co?

Rád/a čtu _____ Nerad/a čtu _____

■ **26. Read the sentences below (Přečtěte následující věty):**

Máš rád/a kolu?　　– Ano, ale džus **mám raději**.　　– A já mám rád/a **obojí**!

Máš rád/a čaj?　　– Ano, ale _____ mám _____.　　_____

Máš rád/a víno?　　– Ano, ale _____ mám _____.　　_____

Máš rád/a jablka?　　– Ano, ale _____ mám _____.　　_____

Máš rád/a banány?　　– Ano, ale _____ mám _____.　　_____

Máš rád/a rybu?　　– Ano, ale _____ mám _____.　　_____

Máš rád/a rýži?　　– Ano, ale _____ mám _____.

NEURČITÁ A ZÁPORNÁ ZÁJMENA A ADVERBIA
INDEFINITE & NEGATIVE PRON. AND ADV.

7

Interrogative pronoun	Indefinite pronoun	Negative pronoun	
KDO	**NĚ**KDO	**NI**KDO	
CO	**NĚ**CO	**NI**C	
ČÍ	**NĚ**ČÍ	**NI**ČÍ	
JAKÝ, -Á, -É	**NĚ**JAKÝ, -Á, É	**NI**JAKÝ*	**ŽÁDNÝ, -Á, -É**
KTERÝ, -Á, -É	**NĚ**KTERÝ, -Á, -É	**ŽÁDNÝ, Á, -É**	

» * „nijaký" *means "of a very bad quality"* Jaký byl ten film? – Nijaký.
kdo, někdo, nikdo → ten, jeden: Koho tady znáš?
Znám někoho. Neznám nikoho.
jaký/který; nějaký/některý/žádný Znám nějakého pána. × Znám někoho.
+ noun: Neznám žádného pána. × Neznám nikoho.

Interrogative adverb	Indefinite adverb	Negative adverb
KDE	**NĚ**KDE	**NI**KDE
KAM	**NĚ**KAM	**NI**KAM
KDY	**NĚ**KDY	**NI**KDY
JAK	**NĚ**JAK	**NI**JAK
KOLIK	**NĚ**KOLIK	

» *Don't forget multiple negation:* **Ni**kdy **ne**mám čas! **Ni**kdy **ne**mám **ni**c!

■ 27. Put the sentences into the negative form (Dejte věty do záporu):

Potřebuju něco.	_____
Hledám něco.	_____
Chci někam jet.	_____
Chci něco dělat.	_____

Tady je někdo. _____

Znám někoho z Austrálie. _____

Mám nějaké peníze. _____

Má nějakou přítelkyni. _____

Někdy mám čas. _____

Mám nějaký problém. _____

Někde v Praze jsou levné byty. _____

Někdy volám domů. _____

Mám nějaký dobrý slovník. _____

Někdo má rád teplé pivo. _____

Byl tady nějaký student. _____

■ **28. Answer the questions – if the answer is affirmative, than continue and add your option (Odpovězte na otázky – pokud je odpověď kladná, pokračujte a uveďte svoji volbu):**

Nepotřebuješ něco?

Co? _____

Nehledáš něco?

Co? _____

Nechceš někam jet?

Kam? _____

Nechceš něco dělat?

Co? _____

Není tady někdo?

Kdo? _____

Neznáš někoho z Austrálie?

Koho? _____

Nemáš nějaké peníze?

Kolik? _____

Nemá nějakou přítelkyni?

Jakou? _____

Nemáš někdy čas?

Kdy? _____

Máš nějaký problém?

Jaký? _____

Jsou někde v Praze levné byty?

Kde? _____

Voláš někdy domů?

Kdy? _____

Máš nějaký dobrý slovník?

Který? _____

Má někdo rád teplé pivo?

Kdo? _____

Byl tady nějaký student?

Kdo? Jaký? Který? _____

Těšíš se na někoho?

Na koho? _____

Myslíš na někoho?

Na koho? _____

Zajímáš se o někoho?

O koho? Nebo je to tajemství? _____

>> *Use of the negative verb form **in questions***

Nedáš si ještě pivo? – Dám si ještě jedno pivo. / Děkuju, už si nedám.
Nepotřebuješ něco? – Ano, potřebuju poradit. / Ne, nepotřebuju nic.

can be understood as a more polite (less pressing) form, leaving more space for a negative answer, or it could just reflect some uncertainty on the speaker's part.

■ **29. Answer the questions using indefinite adverbs**
(Odpovězte na otázky a použijte při tom neurčitých adverbií):

Jak to víš? – Nevím, jak to vím. Prostě _____ to vím.

Kde mají v Praze dobré pivo? – Jistě _____ v Praze mají dobré pivo.

(Prosím tě, ne někde, ale všude v Praze mají dobré pivo!)

Kdy budeme psát test? – Nevím, kdy. Jistě _____ budeme psát test.

Kam jdeš dnes večer? – Ještě nevím, kam. Ale jistě _____ jdu.

Nevím, kde mám brýle. Neviděl jsi je? – Neviděl jsem je, ale jistě tady _____ budou.

MŮŽEME SI TYKAT?   ▶

Jane Shortová:	Dobrý den, pane Černý.
Petr Černý:	Dobrý den, paní Shortová! Rád vás vidím.
Jane Shortová:	Já vás taky. Pane Černý, už vás znám dlouho.
	Jste moc sympatický muž.
Petr Černý:	Ó, děkuju. Vy jste taky moc milá.
Jane Shortová:	Děkuju. Víte, mám návrh… Můžeme si tykat?
Pan Černý:	Ó, jistě, jistě! Velmi rád! Jsem Petr.
Jane:	Já jsem Jane! Ahoj Petře!
Petr:	Ahoj, Jane.

» tykat si – *use a person's name:* S kamarádem si tykáme.
vykat si – *use a polite form, address a p. as Mr / Mrs / Miss:* S panem profesorem si vykáme.

■ **30. Match the sentences (Spojte věty):**

1. Bolí mě zub.	a) Já taky ne.
2. Zajímá mě, co bude.	b) Samozřejmě! Já jsem Honza.
3. Můžu otevřít okno?	c) Mě ne. Nejsem zvědavý.
4. Smím tady kouřit?	d) Samozřejmě že ne!
5. Nevím, co mám dělat.	e) Za málo.
6. Děkuju za radu.	f) Jistě že ano.
7. Měj se hezky!	g) Mě taky.
8. S dovolením!	h) To mě mrzí.
9. To mě mrzí.	i) Prosím!
10. Můžeme si tykat?	j) Děkuju, už nemůžu.
11. Dáš si ještě trochu?	k) Tvrdý bohužel nesmím.
12. Dáš si vodku nebo koňak?	l) Ty taky!
13. Těšíš se vždy na víkend?	m) Jak kdy.

běžný, -á, -é	common, ordinary, current
bolet (2)	to hurt
bota (f)	boot, shoe
budík (m)	alarm-clock
budoucnost (f)	future
celkem (adv.)	on the whole
cvičit (2)	to exercise, practise
čistit si zuby (2)	to clean/brush one's teeth
čtvrt (f)	quarter
dítě (n), děti (f)	child, children
důležitý, -á, -é	important
důvod (m)	reason
hodinky (f pl.)	watch
holit se (2)	to shave
chodit (2)	to walk, to attend
jediný, -á, -é	the only one
jestli	if
jezdit (2)	go by, drive a bike
jiný, -á, -é	different; other
jistě (adv.)	sure
jízda (f)	journey, ride
jižní	southern
když	when (in a clause)
konečně	at last
kontrolor (m)	controller; ticket insp.
moderně	fashionably
naštěstí	fortunately
návrh (m)	proposal, suggestion
navrhnout (4) + A.	to suggest, propose
nepřítel (m)	enemy
oblékat se (1)	to dress oneself
obojí	both
oholený, -á, -é	shaved
ospalý, -á, -é	sleepy
otevřít (4)	to open
pamatovat se (3)	to remember
pokuta (f)	penalty, fine
pomoct (4): pomůžu	to help; I'll help
poradit (2) + A.	to advise
pořádek (m)	order, tidiness
prášek (m)	powder, pill (coll.)
prostě	simply
připravovat (3) + A.	to prepare
pták (m)	bird
půjčit si (2)	to borrow
rada (f)	advice
rodina (f)	family
slečna (f)	miss; Miss
spěchat (1) / pospíchat (1)	to hurry
spokojený, -á, -é	satisfied
sprchovat se (3)	to shower
strašný, -á, -é	awful, horrible
svůj, svoje	my, your, his … own
sympatický, -á, -é	nice, pleasant
šéf (m)	chief
šťastný, -á, -é	happy
tajemství (n)	secret
totiž	actually, namely
trávit (2)	to spend time
trvat (1)	to last
třeba (adv.)	perhaps; e.g.
tvrdý (alkohol)	hard (spirit / liquor)
utíkat (1)	to run, hurry
včas	in time
věta (f)	sentence
víc	more
vous, vousy (m)	beard
všude	everywhere
zlobit se (2) na + A.	to be angry with
zoufat (si) (1)	to be desperate
zvědavý, -á, -é	curious
žádat (1) o + A.	to ask for, require
žádost (f)	application form, request

FRÁZE: / ***PHRASES:***

Bože!	God! Good Lord!
Člověče!	Man!
Jak kdy.	It depends.
Jak myslíš.	As you wish.
Mám raději.	I prefer.
Nesnáším to!	I can't stand it!
S dovolením!	With your permission! Excuse me!
Za málo!	You're welcome!
Záleží…	It depends!
Zdá se, že…	It seems that…

LEKCE
LESSON

8

ŠLA DO KINA, ANEBO...? ▶

Telefonický rozhovor
(osoby: Honza, Hana, maminka **Hany**)

Cr, cr, crrrrrrrrrrrrr...
– Haló!
– Dobrý den, **u telefonu** Honza. To jsi ty, Hanko?
– Ne, tady je její máma.
– Ach, promiňte! Máte tak podobný hlas ... a stejně mladý...
– Ó, děkuji!
– Prosím. Je Hanka doma? **Mohl** bych s ní mluvit?
– Ano, hned to bude. Okamžik, prosím.

– Hanko, máš telefon.
– Kdo volá?
– Tvůj kamarád Honza.
– No, to nejsem doma.
– Ale, Hanko, prosím tě, to nejde. Čeká **u telefonu** a **řekla jsem**, že jsi doma.
– Tak teď řekneš, že nejsem a že nevíš, kdy budu.
– Ty ses zbláznila! Co si o mně bude myslet?
– To je úplně jedno, co si nějaký Honza bude myslet! Nejsem doma a tečka!
– No dobře, jak myslíš.

– Haló!
– Hanko!
– No, to jsem zase já.
– Ach, promiňte.
– Pane Honzo, moc se omlouvám, ale Hanka není doma. Ona totiž šla **do kina** ...
  nebo **do školy**... Já nevím... Já **jsem se** nějak **spletla**. Můžu něco vyřídit?
– Ach tak. **Mohla** byste jí vyřídit, že jsem volal a že ještě zavolám?
– Jistě, jistě. Ráda vyřídím váš vzkaz.
– Děkuju. Mějte se hezky. Na shledanou.
– Prosím. Na shledanou. *(Uf!)*

▲   Mohl bych s ní mluvit? – *Could I speak with her?*
    o mně – *about me*; myslet si o mně – *think about me*
    To nejde! – *You can't do it like that! That won't work!*
    A tečka! – *Full stop! That's the end of it!*

▲   Ty ses zbláznila! – *You've gone mad*; zbláznit se (2) – *to go mad*
       Omlouvám se – *I apologize*
       volat – zavolat: zavolám – *I'll call*
       vyřídit vzkaz – *to pass on a message*, Mohla byste… – *Could you…*
       Měj(te) se hezky! – *Have a good time!*

▲   **vzkaz × zpráva** – informace, esemeska; **zprávy ze světa**

■ 1. Respond (Odpovězte):

Co dělal Honza? _____

Byla Hana doma? _____

Mají maminka a Hana stejný hlas? _____

Mluvil Honza s Hanou? _____

Proč ne? _____

Proč Hana nechtěla mluvit s Honzou? _____

Proč maminka řekla: „Ty ses zbláznila!" _____

Zlobila se maminka na Hanu? _____

Vyřídila maminka vzkaz? _____

■ 2. Fill in the missing words (Doplňte chybějící slova):

Honza _____ Haně.

Chtěl _____ s Hanou.

Řekl: „Dobrý den. ___ telefonu Honza. _____ mluvit s Hanou?"

Hana _____ doma, ale _____ mluvit s Honzou.

Nikdo neví, _____ nechtěla mluvit s Honzou.

Maminka _____ říct, že Hana není doma. (Maminka musela lhát.)

Maminka se ptala Honzy: „Můžu něco _____?"

Maminka ráda vyřídí jeho _____.

mít	měl	-ít	-el/-ěl	to have
chtít	chtěl			to want
jít	šel			to go on foot
otevřít	otevřel			to open
zavřít	zavřel			to close
číst	četl	-st	-tl	to read
splést se	spletl se			to make a mistake
jíst	jedl	-st	-dl	to eat
říct	řekl	-ct	-kl	to say
moct	mohl	-ct	-hl	can, to be able
pomoct	pomohl			to help
všimnout si	všiml/všimnul si	-nout	-l/-nul	to notice
vzít	vzal	!	-al	to take
začít	začal			to start
přijmout	přijal			to accept, admit
zapomenout	zapomněl	!	-el	to forget
být	byl	long vowel	short vowel	to be
mýt	myl			to wash
pít	pil			to drink
žít	žil			to live
dát	dal			to give
lhát	lhal			to lie
psát	psal			to write
spát	spal			to sleep

>> *Most of these verbs belong to the irregular 4th type in the present tense as well! (e.g. **jít : jdu, číst : čtu, psát : píšu**..., etc.), or they can not be derived easily from the infinitive (such as **mít : mám, jíst: jím**).*

■ **3. Fill in the verbs in the past tense (Doplňte verba v minulém čase):**

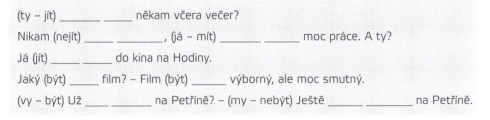

(ty – jít) _____ ____ někam včera večer?
Nikam (nejít) ____ _____, (já – mít) _____ _____ moc práce. A ty?
Já (jít) ____ ____ do kina na Hodiny.
Jaký (být) ____ film? – Film (být) _____ výborný, ale moc smutný.
(vy – být) Už ____ _____ na Petříně? – (my – nebýt) Ještě _____ _____ na Petříně.

Co (být) _____ včera, středa nebo čtvrtek? – Včera (být) _____ čtvrtek.

Jaké (být) _____ počasí? – Už (já – zapomenout) _____ _____.

Juan celý večer (číst) _____ knihu, (učit se) _____ _____ a (psát) _____ cvičení.

Nic (Juan – nejíst) _____ a pak (mít) _____ velký hlad.

Juan (chtít) _____ vidět Hannu, ale Hanna dnes (nemít) _____ čas.

Juan (mít) _____ velmi špatný den a (být) _____ moc smutný.

Juan a Hanna (pít) _____ moravské červené víno.

Minulý týden (já – být) _____ _____ nemocná a (já – nemoct) _____ _____ jít do školy.

(já – nemoct) _____ _____ nic jíst, jen (já – pít) _____ _____ čaj a (já – spát)

_____ _____ celý den.

Honzo, (ty – chtít) _____ _____ něco říct? – Už (já – říct) _____ _____ všechno.

Možná (ty – zapomenout) ___ _____ na něco?

(já – nezapomenout) _____ _____ na nic.

Už (začít) _____ fotbal? – Nevím, (já – nemít) _____ _____ program,

(já – nečíst) _____ _____ noviny.

■ 4. Match the sentences according to the following model
   (Spojte věty podle následujícího modelu):

Co jsi včera chtěl/a dělat?   (dívat se na televizi – nemít čas)
Chtěl/a jsem se včera dívat na televizi, ale nemohl/a jsem, protože jsem neměl/a čas.

                                                    (studovat – být unavený/á)
_____

                                                    (jít na procházku – venku pršet)
_____

                                                    (jít do kina – jít na procházku)
_____

                                                    (začít psát román – nemít tužku)
_____

                                                    (odpočívat celý den – psát cvičení)
_____

                                                    (dát si polévku – jíst zmrzlinu)
_____

                                                    (navštívit kamarády – nebýt doma)
_____

                                                    (číst noviny – číst zajímavou knížku)

	JÍT			JET		
	Present	*Past*	*Future*	*Present*	*Past*	*Future*
(já)	jdu	šel / šla jsem	**pů**jdu	jedu	jel/a jsem	**po**jedu
(ty)	jdeš	šel / šla jsi	**pů**jdeš	jedeš	jel/a jsi	**po**jedeš
(on)		šel			jel	
(ona)	jde	šla	**pů**jde	jede	jela	**po**jede
(ono)/to		šlo			jelo	
(my)	jdeme	šli / šly jsme	**pů**jdeme	jedeme	jeli/y jsme	**po**jedeme
(vy)	jdete	šli / šly jste	**pů**jdete	jedete	jeli/y jste	**po**jedete
(oni)	jdou	šli / šly	**pů**jdou	jedou	jeli/y	**po**jedou

■ **5. Put underlined verbs into the past and future tense**
  (Dejte podtržená slovesa do minulého a budoucího času):

Hanna a Juan jdou do kina. _____ _____

Jdeme na procházku. _____ _____

Jdete někam večer? _____ _____

Jdu na koncert. _____ _____

Jdeme do divadla. _____ _____

Hana a Honza nikam nejdou. _____ _____

Hana jde domů. _____ _____

Honza jde ke kamarádovi. _____ _____

Kdy jedete domů? _____ _____

Tento rok jedeme k moři. _____ _____

Naši kamarádi jedou na hory. _____ _____

Kam jedeš na výlet? _____ _____

Honza a Hana jedou spolu na prázdniny. _____ _____

Hanna na svátky jede domů. _____ _____

Juan jede s Hannou. _____ _____

Do Finska letí. _____ _____

Honza a Hana neletí. Oni jedou vlakem. _____ _____

» *Only a **few verbs of motion** form their **future tense** with the prefixes **pů**- or
po-: **půjdu, pojedu, poletím**. We put those prefixes at the beginning of the
present tense form. This way of forming the future tense is **an exception**!*

JÍT – JET		CHODIT – JEZDIT*	
KDY?		**JAK ČASTO?**	
TEĎ	now	POŘÁD	all the time
DNES(KA)	today	ČASTO	often
ZÍTRA	tomorrow	NĚKDY	sometimes
VČERA	yesterday	ČAS OD ČASU	from time to time
RÁNO	in the morning	OBČAS	
ODPOLEDNE	in the afternoon	MÁLOKDY	seldom
VEČER	in the evening	NIKDY	never
JEDNOU	once	**JEDNOU ZA ČAS**	rarely
		JEDNOU ZA TÝDEN	once a week
ZA PĚT MINUT	in five minutes	OBVYKLE	usually
ZA CHVÍLI	in a while	PRAVIDELNĚ	regularly
		RÁD/A/ NERAD/A	I like / don't like
		KAŽDÝ DEN	every day
		KAŽDÝ ROK	every year
MINUL**OU** STŘED**U**	last Wednesday	KAŽD**OU** STŘED**U**	every Wednesday
TUTO NEDĚL**I**	this Sunday	KAŽDÉ PONDĚLÍ	every Monday
		KAŽDÉ ÚTERÝ	every Tuesday
! KOLIKRÁT?			
DVAKRÁT	two times		
NĚKOLIKRÁT	a few times		

* (also means): chodit – *to attend,* jezdit – *to drive a bike, to ski*

Present	Future	Past	Present	Future	Past
jít			**chodit**		
jdu	půjdu	šel jsem	chodím	budu chodit	chodil jsem
jet			**jezdit**		
jedu	pojedu	jel jsem	jezdím	budu jezdit	jezdil jsem

■ **6. Fill in some of the adverbs from the table above according to the context (Doplňte podle kontextu některé z adberbií z výše uvedené tabulky):**

_____ chodím do sauny. _____ nepůjdu, nemám čas.

_____ chodíš na kurz češtiny? – Chodím v úterý a v pátek, _____ za týden.

Budeš chodit na češtinu taky _____? – _____ bohužel nebudu chodit.

_____ jdu na koncert. – Chodíš _____ na koncerty? –

Nechodím _____, asi tak _____ za rok.

_____ půjdu na výstavu Alfonse Muchy. _____ chodím na výstavy.

_____ pojedu na hory lyžovat. _____ jezdím na hory.

_____ jsem šel do divadla.

_____ chodí pozdě. _____ nechodí včas.

Ráno spěchám a do školy _____ jezdím metrem. _____ mám čas a metrem

nepojedu, _____ půjdu pěšky.

Rychle! Nemáme čas! _____ jede vlak.

_____ chodíš do kina? – Minulý rok jsem _____ šel do kina.

■ **7. Fill in the correct tense of the verbs *jít / chodit*, *jet / jezdit* according to the context (Doplňte verba *jít / chodit*, *jet / jezdit* ve správném čase podle kontextu):**

a) (vy) _____ dnes večer na diskotéku?

 Dnes večer bohužel (my) nemůžeme _____, máme lístky na koncert.

 Vy pořád _____ na koncerty!

 To není pravda! Včera (my) _____ _____ na balet, zítra _____ na operu.

 Opravdu máte zajímavý život!

b) (ty) _____ tento rok na hory?

 Tento rok bohužel (já) _____ na hory. Chci _____ do Itálie.

 Minulý rok (ty) _____ taky _____ do Itálie. – Ano, já tam _____ každý rok.

 Proč tak často (ty) _____ na stejné místo? To je nuda!

 Kdepak! Itálie je velká a krásná... A mám tam přítelkyni.

 Ó, to jsem nevěděl! Gratuluju! Musíš _____ do Itálie!

c) Jak dlouho se učíš česky?

 (já) _____ na češtinu už druhý semestr.

 (ty) _____ _____ taky příští rok?

 Příští rok asi _____ _____, protože (já) _____ do Španělska.

 (já) _____ _____ na španělštinu.

 Ale španělsky už umíš! Několik let (ty) _____ _____ na španělštinu.

 Dost jsem už zapomněl, protože jsem se učil česky.

d) Minulý rok (já) _____ _____ několikrát do kina na Pianistu. Myslím, že (já)

 _____ ještě několikrát.

 Jak můžeš pořád (ty) _____ na stejný film?!

 Normálně! Zamilovala jsem se do hlavního herce, Adriana Brodiho.

 Aha!

■ **8. Respond (Odpovězte):**

Jak často chodíte do kina?

Kdy jste naposledy byl/a v kině / šel/šla do kina?

Jak často chodíte do divadla?

Kdy jste naposledy byl/a v divadle / šel/šla do divadla?

Jak často chodíte na koncerty klasické hudby?

Kdy jste naposledy byl/a na koncertě / šel/šla na koncert klasické hudby?

Jak často chodíte na rockové koncerty?

Kdy jste naposledy byl/a na rockovém koncertě / šel / šla na rockový koncert?

Jak často chodíte na džezové koncerty?

Kdy jste naposledy byl/a na džezovém koncertě / šel/šla na džezový koncert?

Jak často chodíte na diskotéku?

Kdy jste naposledy byl/a na diskotéce / šel/šla na diskotéku?

Jak často chodíte na procházky?

Kdy jste naposledy byl/a na procházce / šel/šla na procházku?

Jak často chodíte do hospody?

Kdy jste naposledy byl/a v hospodě / šel/šla do hospody?

Jak často chodíte do restaurace?

Kdy jste naposledy byl/a v restauraci / šel/šla do restaurace?

Jak často chodíte na párty?

Kdy jste naposledy byl/a na párty / šel/šla na párty?

Jak často jezdíte domů?

Kdy jste naposledy byl/a doma / jel/a domů?

Jak často jezdíte do ciziny?

Kdy jste naposledy byl/a v cizině / jel/a do ciziny?

Jak často jezdíte na výlety?

Kdy jste naposledy byl/a na výletě / jel/a na výlet?

Jak často jezdíte na hory?

Kdy jste naposledy byl/a na horách / jel/a na hory?

Jak často jezdíte k moři?

Kdy jste naposledy byl/a u moře / jel/a k moři?

Jak často jezdíte na kole?

Kdy jste naposledy byl/a na kole / jel/a na kole?

Jak často jezdíte metrem?

Kdy jste naposledy jel/a metrem?

Jak často jezdíte vlakem?

Kdy jste naposledy jel/a vlakem?

8 GENITIV SINGULÁRU
THE GENITIVE SINGULAR

	Noun ending	CO/KDO to je?	Gen. – Nemůžu bez ČEHO/KOHO…	
			Hard	
M	i.	telefon, stůl, Madrid	vzduchu, stolu, Madridu	+ -U
	-ÝN, -ÍN, -OV	Londýn, Berlín	Londýna, Berlína	+ -A
	a.	kamarád, pes	kamaráda, psa	+ -A
F	-A	hospoda, škola	vody, hospody, školy	-a → -Y
N	-O	pivo, víno	jídla, piva, vína	-o → -A
	-UM	stipendium	stipendia	~~UM~~ + -A

			Soft		
M	i.	čaj, počítač	čaje, počítače	+ -E	
	a.	přítel, cizinec	přítele, cizince		
F	-E	televize, restaurace	televize, restaurace		
	-cons.	tramvaj, kolej, věc	tramvaje, koleje, věci	+ -E	-I
N	-E	slunce	slunce, moře		
	-Í	nádraží, pití	nádraží, pití		

! sůl → trochu soli   Vídeň *(Vienna)* → do Vídně

		Nominative		Genitive		
M + N	TEN, TO -Ý, -É -Í	ten, to dobrý, dobré moderní	kluk, pivo čaj, kino	toho dobrého moderního	kluka piva čaje, kina	TOHO → -ÉHO → -ÍHO
F	TA -Á	ta dobrá	holka televize	té dobré	holky televize	→ -É → -É
	-Í	moderní	kolej	moderní	koleje	→ -Í

	Nom. sg.		Gen. sg.	
	M + N	**F**	**M + N**	**F**
já	můj kluk moje / mé pivo	moje holka	m**ého** kluk**a** piv**a**	moj**í** / mé holk**y**
ty	tvůj přítel tvoje / tvé víno	tvoje káva	tv**ého** přítel**e** vín**a**	tvoj**í** / tvé káv**y**
ona	její kamarád, pero	její kamarádka	její**ho** kamarád**a** per**a**	její kamarádk**y**
my	náš učitel naše okno	naše učitelka	naš**eho** učitel**e** okn**a**	naš**í** učitelk**y**
vy	váš pes vaše místo	vaše kočka	vaš**eho** ps**a** míst**a**	vaš**í** kočk**y**

» Znáš toho mého kamaráda Juana? Těšíš se na toho mého kamaráda?(Acc.)
Ptal ses toho mého kamaráda? Máš pozdrav od toho mého kamaráda! (Gen.)

KDY POUŽÍVÁME GENITIV?
WHEN DO WE USE THE GENITIVE CASE?

Předložky (prepositions)		
	KAM?	**ODKUD?**
pohyb *(motion)*	**DO** *(to)* Jdu **do** park**u**. Jedu **do** Berlín**a**.	**Z** *(from)* Jdu **z** park**u**. Jedu / Jsem **z** Berlín**a**. **CO: Z ČEHO**? + *origin:* dort **z** čokolád**y** *(chocolate cake)* **KDO: OD KOHO**? *(from whom)* Mám dopis **od** bratr**a**. Kniha **od** *(by)* V. Havl**a**.
	KDY?	
čas *(time)*	**OD – DO** *(from – to)* **KOLEM / OKOLO** *(about)* **BĚHEM** *(during)*	Studuje **od** rán**a** **do** večer**a**. Bude tady **od** střed**y** **do** neděl**e**. Budu tady **kolem** druh**é** hodin**y**. **Během** přestávk**y** si dám káv**u**.

	KDE?	
místo (place)	**VEDLE** (next to)	Jana sedí **vedle** Petr**a**.
	BLÍZKO (near by)	Vídeň je **blízko** Prah**y**.
	KOUSEK OD (near from)	Bydlím **kousek od** fakult**y**.
	DALEKO OD (far from)	Bydlím **daleko od** prác**e**.
	U (at, by)	Juan byl **u** Hann**y**.
		Byl jsem **u** moř**e**.
	KOLEM / OKOLO (around)	Sedíme **kolem** stol**u**.

	KUDY?	
jakou cestou (which way)	**KOLEM** (around, past)	Tramvaj jede **kolem** divadl**a**.
	PODLE / PODÉL (along)	Jedeme **podle** řek**y**.

některé další předložky – some other prepositions

	BEZ (without)	Piju kávu **bez** cukr**u**.
	KROMĚ (besides, except)	**Kromě** literatur**y** studuju taky historii.
	PODLE (under a)	Všechno je **podle** plán**u**.
	(according to)	**Podle** mě… (In my opinion…)

	KOLIK?	
kolik? (how much/ many?)	**hodně** dobr**ého** piva	**kilo** hovězí**ho** masa
	moc čokoládov**ého** dortu	**půl kila** bíl**ého** sýra
	málo čas**u**	**2 deci** (dcl) červen**ého** vína
	trochu studen**ého** mléka	**čtvrt** chleba
	tolik zeleniny	**20 deka** (dkg) pražsk**é** šunk**y**

Partitivní genitiv (partitive genitive)

"of"	**šálek** čern**ého** čaj**e** – a cup of black tea
	sklenice pomerančov**ého** džus**u** – a glass of orange juice
	talíř rajsk**é** polévk**y** – a bowl of tomato soup
	kousek mléčn**é** čokolád**y** – a piece of milk chocolate
	láhev francouzsk**ého** vín**a** – a bottle of French wine

Po některých slovesech (after certain verbs)

bát se někoho, něčeho (to be afraid of sbd., sth.): **Bojím se** velk**é** vod**y**.
ptát se někoho na něco (to ask sbd. about sth.): **Ptám se** učitelk**y** na cvičení.
vážit si někoho (to respect sbd.): **Vážím si** pan**a** profesor**a**.
všimnout si někoho, něčeho (to notice sth.): **Všimla jsem si** to**ho** pán**a**.
účastnit se něčeho (to take part in sth.): **Účastním se** kurz**u**.

Posesivní genitiv (possessive genitive – personal names)

opera (od) Bedřich**a** Smetan**y**; matka Honz**y**, přítelkyně Juan**a**

■ **9. Put into the genitive case (Dejte do genitivu):**

Odkud je tvůj kamarád / tvoje kamarád/ka?

Můj kamarád /moje kamarádka je **z**:

New York	_____	Hongkong	_____
Madrid	_____	Nový Zéland	_____
Brusel	_____	Vietnam	_____
Řím	_____	Krakov	_____
Berlín	_____	Mnichov	_____
Londýn	_____	Beroun	_____
Praha	_____	Česká republika	_____
Barcelona	_____	Amerika	_____
Moskva	_____	Čína	_____
Vídeň	_____	Itálie	_____
Paříž	_____	Francie	_____
Plzeň	_____	Indie	_____
Oslo	_____	Německo	_____
Brno	_____	Holandsko	_____
Chicago	_____	Španělsko*	_____

Odkud jste vy? Z které země, z kterého města?

Kam pojedete? – Pojedu **do** / Rád/a bych jel/a **do**… *(I'd like to go…)*
(Choose from the list above.)

>>   * z**e** Španělska! *Don't forget that the preposition and the word following are pronounced as one word with the stress on the first syllable!*

■ 10. Match (Spojte):

Kam pojedeme?

Pojedeme do

hlavní ___	měst ___	Belgie ___	Tokio _____.
hlavní ___	měst ___	Maďarsko ___	Řím _____.
hlavní ___	měst ___	Rakousko ___	Lisabon _____.
hlavní ___	měst ___	Itálie ___	Berlín _____.
hlavní ___	měst ___	Litva ___	Vídeň _____.
hlavní ___	měst ___	Německo ___	Brusel _____.
hlavní ___	měst ___	Japonsko ___	Vilnius _____.
hlavní ___	měst ___	Portugalsko ___	Budapešť _____.

■ 11. Match (Spojte):

Guernica	píseň John ___ Lennon ___
Idiot	román John ___ Ronald ___ Tolkien ___
Pán prstenů	film Miloš ___ Forman ___
Amadeus	román Jaroslav ___ Hašek ___
Zámek	knížka Bohumil ___ Hrabal ___
Ostře sledované vlaky*	opera Antonín ___ Dvořák ___
Žert	román Fjodor ___ M. Dostojevskij ___
Dobrý voják Švejk	román Franz ___ Kafka ___
Rusalka	román Milan ___ Kundera ___
Imagine	obraz Pablo ___ Picasso ___

■ 12. Respond (Odpovězte):

Četl/a jsi něco od (Karel Čapek) _____?

Viděl/a jsi nějaký film od (Jiří Menzel) _____?

Slyšel/a jsi něco od (Bedřich Smetana) _____?

Znáš nějakou píseň od (Madonna) _____?

Četl/a jsi nějakou hru od (Václav Havel) _____?

Viděl/a jsi nějaké drama od (Shakespeare) _____?

Znáš nějakou báseň od (Petrarca) _____?

Četl/a jsi něco od (Ernest Hemingway) _____?

Četl/a jsi nějakou knihu od (Emily Bronteová) _____?

Znáš nějakou písničku od (Karel Gott) _____?

* Closely observed/watched trains.

■ **13. Where shall we go to? (Kam půjdeme?):**

Půjdeme **do**…

nový bar	_____	drahý obchod	_____
džezový klub	_____	luxusní hotel	_____
obchodní dům	_____	velký supermarket	_____
jazyková škola	_____	zoologická zahrada	_____
první lékárna	_____	Národní knihovna	_____
Státní opera	_____	dobrá hospoda	_____
staré kino	_____	druhé patro	_____
Stavovské divadlo	_____	pražské metro	_____
Národní muzeum	_____	nedaleké centrum	_____
čínská restaurace	_____	Národní galerie	_____
moderní nemocnice	_____	nová drogerie	_____

■ **14. Say what is near and what is next to your home**
  (Rekněte, co je blízko a co je vedle vašeho domu):

Bydlím blízko   (základní škola, Komerční banka, velký park, zimní stadion,
                 malý obchod, Václavské náměstí, Národní divadlo, filozofická
                 fakulta, hlavní nádraží, nový hotel, stará nemocnice, kolej
                 Komenského…)

Můj byt je blízko / vedle…

_____
_____
_____
_____

To nemůže být pravda! Kde je váš byt? Takové místo v Praze neexistuje!
Vy jste úplně **vedle**!

▲   být vedle *(expr.)* − *to be wrong!*

>> **sejít se** = *to meet*
   sejdeme se = *we shall meet*
   sešli jsme se = *we have met*

■ **15. Choose some of the possibilities suggested below and answer where and when you will meet (Vyberte některou z níže nabídnutých možností a odpovězte, kde a kdy se sejdete):**

– Ahoj! Kde se sejdeme? Kdy se sejdeme?

– Sejdeme se u rockového klubu. – Co?! My jdeme do rockového klubu?!

– Ano, proč ne? Máš lepší nápad?

– Sejdeme se u

bar	_____
park	_____
kavárna Slavia	_____
škola	_____
Komerční banka	_____
zoologická zahrada	_____
Národní galerie	_____
kino Světozor	_____
muzeum	_____
Rudolfinum	_____

– Kdy se sejdeme?

– Sejdeme se v

1.00	_____
2.00	_____
7.00	_____
8.45	_____
10.15	_____
5.30	_____
2.30	_____
9.30	_____
3.30	_____
4.45	_____

Kde a kdy se sešli?
Put the examples given above into the past tense.
(Zopakujte výše uvedené příklady v minulém čase).

>> *"half past…" is expressed by the **genitive** case. After **půl** we always use the **genitive**! E.g. **půl** jedné, **půl** druhé, **půl** čtvrté (F because of "**hodiny**", but we leave this word out).*

■ **16. Complete the sentences using the prepositions (Doplňte do vět předložky)** *do, z, bez, vedle, u, blízko, od, podle*:

Nemám ráda sladkou kávu. Piju kávu _____ cukru.

Půjde taky Hana ___ divadla?

Hana má moc práce, půjdeme _____ Hany.

Sejdeme se _____ divadla, nebo ___ pokladny?

Sejdeme se _____ pokladny, ještě nemáme lístky.

Juan je ___ Španělska, není ___ Ameriky.

To jsem nevěděl! Je _____ Madridu?

Samozřejmě že je ___ hlavního města.

Hanna sedí _____ Juana.

Staroměstské náměstí je _____ filozofické fakulty.

Pinkasova synagoga je _____ filozofické fakulty.

Kde je kolej Kajetánka? _____ Břevnovského kláštera.

Kde je Havelský trh? _____ Můstku.

Kde je Hlavní pošta? _____ Jindřišské věže.

Kde je Obecní dům? _____ Prašné brány.

Znáš nějakou operu _____ W. A. Mozarta?

Včera jsme šli ___ kina na nový český film.

Můžete číst českou knihu _____ slovníku?

Zítra pojedeme ___ Českého Krumlova.

Znáš symfonii ___ Nového světa ___ Antonína Dvořáka?

Honza jel ___ Brna. Byl v Brně ___ pátku ___ neděle.

Jeho kamarád je ___ Brna.

Honza bydlel ___ kamaráda.

Četl/a jsi něco _____ Bohumila Hrabala?

Beroun je ___ Prahy.

Minulé léto jsme byli ___ moře.

___ Ameriky nemůžeme cestovat ___ víza.

Neznám každé slovo ___ toho textu. Rozumím ale _____ kontextu.

Myslím si, že je to dobře. _____ mého názoru je to tak dobře.

■ 17. Complete the sentences with forms in the genitive case (Doplňte do vět genitiv):

Koho se bojíš?

Bojím se

tvůj pes	_____
pan profesor	_____
pan vrátný	_____
její manžel	_____
jeho kočka	_____
kamarádka Hana	_____
přísná učitelka	_____
naše babička	_____
paní vrátná	_____
náš učitel	_____
jejich ředitel	_____
nikdo	_____

Čeho se bojíš?

Bojím se

zkouška	_____
špatná známka	_____
tma	_____
válka	_____
bouřka	_____
čeština	_____
nic	_____

Čeho ses bál/a, když jsi byl/a malý/á?

Když jsem byl/a malý/á, bál/a jsem se…

» **kdy** × **když** →
Kdy máš čas? – Nevím, **kdy** budu mít čas. × Co děláš, **když** máš čas?

■ 18. Complete the sentences (Doplňte věty):

Nemám rád/a:

káva bez (cukr)	_____	polévka bez (mrkev)	_____
čaj bez (citron)	_____	vejce bez (sůl)	_____
kola bez (led)	_____	maso bez (pepř)	_____
dort bez (šlehačka)	_____	mléko bez (káva)	_____

chleba bez (máslo)	_____	zelenina bez (dresink)	_____
párek bez (hořčice)	_____	maso bez (omáčka)	_____

■ **19. Fill in the correct prepositions (Doplňte vhodné předložky):**

a) Nechceš ___ víkendu jet ____ Brna? – Nevím, _____ toho, kdy se vrátíte ___ Brna.
Vrátíme se ___ neděli ____ desáté večer. – ___ deset hodin už určitě budeme
doma?
Budeme doma už ___ půl desáté. Proč se ptáš? Máš něco? – Mám lístky ___ klubu
____ koncert.
____ kolik hodin začíná koncert? – ____ deset.
Tak to je ___ problému.

b) Jak dlouho tady ještě budeš? _____ kdy jsi v Praze?
V Praze budu ___ Nového roku.
Studuješ ještě něco _____ čeština?
Ne. To stačí.

c) Dostal jsem mail ____ kamarádky ___ Anglie. Příští měsíc pojedu ___ Anglie. Budu
bydlet ___ kamarádky. Moc se těším ___ cestu ___ Anglie. A ___ kamarádku
samozřejmě taky!

d) Zítra ráno pojedeme ____ výlet ___ Karlštejn. Sejdeme se ___ nádraží ___ pokladny
půl osmé. Vlak jede ___ osm hodin.

e) Hana včera nešla ___ divadla. Učila se ___ rána ___ večera. Je moc unavená.
_____ přestávky půjde ___ bufetu ___ kávu. Doma už taky nemá kávu. Bude
muset jít taky ___ obchodu ___ kávu.

f) Nevíš, ____ koho je ta obálka?
Bydlíš _____ fakulty?
Jak často chodíš _____ procházky?
____ co myslíš?
____ čeho je ta zmrzlina?
____ čeho nemůžeš žít?
Dnes večer jdu ___ restaurace ___ večeři.
Jezdí sedmnáctka (tramvaj číslo 17) _____ Národního divadla?
Ještě se zajímáš ___ sport?
Kdo sedí _____ tebe?

▲ podle toho – *depending on*

já	ty	on	ona	ono	my	vy	oni
Mě	Tebe	Jeho	Jí	Jej	Nás	Vás	Jich
… mě	… tě	… ho/jej	… jí	… ho/jej	… nás	… vás	… jich
ode mě	od tebe	od **ně**ho/**něj**	od **ní**	od **něj**	od nás	od vás	od **nich**

» *Compared with the accusative, the only differences are:*

	ona	**oni**
Acc:	na n**i**	na **ně**
Gen:	od ní	od **nich**

■ **20. Fill in the personal pronouns in the accusative or genitive cases (Doplňte osobní zájmena v akuzativu nebo v genitivu):**

Rodrigo, Juanův kamarád ze Španělska, pojede do Prahy. V Praze už byl, teď tady bude podruhé. Juan dostal od _____ esemesku. Jeho holka nepojede, Rodrigo pojede bez _____. Juan bude na _____ čekat na nádraží. Moc se na _____ těší. Ještě nemá pro _____ ubytování, a tak asi Rodrigo bude bydlet u _____.

Minna, Hannina kamarádka z Finska, taky pojede do Prahy. V Praze ještě nebyla, teď poprvé jede do Prahy. Hanna dostala od _____ esemesku. Její kluk nemůže jet, Minna pojede bez _____. Hanna bude na _____ čekat na letišti. Moc se na _____ těší. Ještě nemá pro _____ ubytování, a tak asi Minna bude bydlet u _____.

Jak dlouho Rodrigo a Minna budou v Praze?
Rodrigo od 20. do 25. 4., Minna od 23. do 27. 4.

▲ poprvé, podruhé, potřetí, počtvrté… – *for the first… time*
  pokaždé – *whenever*

» Juan**ův** kamarád ↔ Karl**ův** most → kamarád Juan**a** *(coll.)*
  Honz**ova** kamarádka ↔ Karl**ova** univerzita → kamarádka Honz**y** *(coll.)*

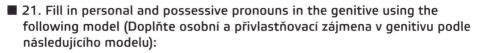

■ **21. Fill in personal and possessive pronouns in the genitive using the following model (Doplňte osobní a přivlastňovací zájmena v genitivu podle následujícího modelu):**

Můžu se tě na něco zeptat? – Koho? Mě? – Tebe ne, ale tvého kamaráda.

Můžu se **vás** na něco zeptat? – Koho? Mě? – _____ ne, ale _____ kolegyně.

Chci se **ho** na něco zeptat. – Koho? Jeho? – _____ ne, ale _____ spolubydlícího.

Chci se **jí** na něco zeptat. – Koho? Jí? – _____ ne, ale _____ spolubydlící.

Chci se **jich** na něco zeptat. – Koho? Jich? – _____ ne, ale _____ spolubydlících.

■ **22. Fill in the personal pronouns (Doplňte osobní zájmena):**

Víš, že je Juan zamilovaný do Hanny?

Do koho? Do Hanny?

Ano, je do _____ zamilovaný.

Víš, že Hanna nemůže bez Juana žít?

Bez koho? Bez Juana?

Ano, nemůže bez _____ žít.

Už máš pro Hannu a Juana dárek?

Pro koho? Pro Hannu a Juana? Ne, pro _____ ještě nemám dárek.

Víš, že už se nebojím zkoušky z češtiny?

Čeho? Zkoušky?

Ano, už se _____ nebojím.

Víš, že Hanna už má ráda české pivo?

Co? České pivo?

Ano, už ____ má ráda.

To je bezvadné!

▲ zamilovaný do + Gen.   bezvadný ← bez vady; vadný – *defective, faulty*
   zkouška z + Gen.

KOLIKÁTÉHO JE DNES? / WHAT IS THE DAY TODAY?

M h.	1.	**LEDEN**	prvního ledna	← **led** – ice
M h.	2.	**ÚNOR**	druhého února	← **nořit se** – to submerge
M h.	3.	**BŘEZEN**	třetího března	← **bříza** – birch
M h.	4.	**DUBEN**	čtvrtého dubna	← **dub** – oak
M h.	5.	**KVĚTEN**	pátého května	← **květ** – flower
M h.	6.	**ČERVEN**	šestého června	← **červená** barva*– red c.
M s.	7.	**ČERVENEC**	sedmého července	← **červená** barva – red c.
M h.	8.	**SRPEN**	osmého srpna	← **srp** – sickle
N	9.	**ZÁŘÍ**	devátého září	← **zářit** – to shine
M h.	10.	**ŘÍJEN**	desátého října	← **říje** – rutting season
M h.	11.	**LISTOPAD**	jedenáctého listopadu !!	← **listí padá** – leaves're falling
M s.	12.	**PROSINEC**	dvanáctého prosince	← **siný** (arch.) – white, silver

* květiny: růže, tulipány...
  ovoce: jahody, maliny, jablka...
  zelenina: ředkvičky...

» *The ending -a which is primarily for **masculines hard animate nouns** is also used with some **inanimate hard masculine nouns**: DO LONDÝNA, BERLÍNA, etc., **all months (except listopad)**, days – DO ČTVRTKA (OD PONDĚLKA DO ÚTERKA by analogy), **food – KUS SÝRA, CHLEBA, meals – DO OBĚDA, parts of a day – DO VEČERA, locations – DO LESA** (to the forest), **DO KOSTELA** (to the church), **DO KLÁŠTERA** (to the monastery), **CESTA KOLEM SVĚTA,** etc.*

■ 23. Answer (Odpovězte):

Kdy ses narodil/a? Kdy máte narozeniny?

Juan se narodil 21. 4. 1991.
Může říct: Mám narozeniny dvacátého prvního dubna.
Může říct taky: Mám narozeniny jedenadvacátého dubna.
Co asi říká Juan?
Samozřejmě že říká jedenadvacátého. Víme, že Juan nikdy nemá čas!

Hanna se narodila 25. 4. 1992.
Může říct: Mám narozeniny <u>dvacát**ého**</u> <u>pát**ého**</u> dubna.
Může říct taky: Mám narozeniny <u>pět**a**dvacát**ého**</u> dubna.
Co asi říká Hanna?
Asi taky pět**a**dvacát**ého**.

Juan se narodil v roce 1991.
Může říct: Narodil jsem se v roce <u>tisíc</u> <u>devět</u> <u>set</u> <u>devadesát</u> <u>jedna</u>.
Může říct taky: Narodil jsem se v roce <u>devatenáct</u> <u>set</u> devadesát jedna.

                            ↓   ↓
                            19   00   +   91

Kdy máš narozeniny?
_____

Kdy má narozeniny tvůj kamarád?
_____

Kdy má narozeniny tvoje kamarádka?
_____

Kdy máš svátek?
_____

Kolikátého je dnes?
_____

Kdy je konec semestru?
_____

Víte, co bylo v roce 1348?
_____

Víte, co bylo 17. 11. 1989?
_____

Co je 24. prosince?
_____

Kdy budou Velikonoce?
_____

Hanna a Juan budou mít návštěvu. Minna přijede z Finska, Rodrigo ze Španělska a oba budou v Praze několik dní. Přijedou nejen navštívit Prahu, ale taky proto, že Hanna a Juan budou mít narozeniny. Náhodou oba stejný týden. Juan občas říká, že nic není náhoda. Budou je oslavovat spolu. Hanna nechce jít do hospody, všechno chce dělat sama. Juan není proti. Oslava bude na koleji Komenského. Chtějí taky pozvat Hanu a Honzu a ještě několik kamarádů. Potřebujou hodně jídla a pití. Musí jít na velký nákup.

▲ jít na návštěvu × mít návštěvu – *to go and see a p. × to have guests*
několik dní – *a few days*; několik kamarádů – *a few friends*

■ 24. What are Hanna and Juan buying? (Co nakupujou Hanna a Juan?):

Hanna nakupuje jídlo:

půl kila (hovězí maso) _____

kilo (vepřové maso) _____

30 deka (šunka) _____

půl kila (balkánský sýr) _____

hodně (zelenina) _____

hodně (ovoce) _____

dvě kila (hroznové víno) _____

trochu (petržel) _____

svazek (cibulka) _____

kilo (cibule) _____

dost (mrkev) _____

dva litry (olej) _____

půl kila (máslo) _____

hodně (pečivo a chléb) _____

kilo (cukr) _____

Juan nakupuje pití:

hodně (minerální voda) _____

hodně (světlé pivo) _____

hodně (tmavé pivo) _____

dost (becherovka) _____

dvě láhve (šampaňské) / (sekt) _____

trochu (džus) _____

láhev (vodka) _____

Je to všechno? – Ach, Hanno, promiň! Jak jsem mohl zapomenout! Ještě:

hodně (červené víno) _____

hodně (bílé víno) _____

■ **25. Answer the questions in the following way (Odpovězte na otázky následujícím způsobem):**

Dáš si rohlík? – Nemůžu celý rohlík! Dám si jen **půl(ku) rohlíku!**

Dáš si párek? _____

dort? _____

džus? _____

banán? _____

citron? _____

chléb? _____

knedlík? _____

oříšek? _____

pomeranč? _____

koláč? _____

housku? _____

malinu? _____

jahodu? _____

švestku? _____

hrušku? _____

okurku? _____

ředkvičku? _____

mrkev? _____

jablko? _____

vejce? _____

(To snad není pravda! Jsi ty celý člověk, nebo jen půlka člověka?)

■ **26. Match the words (Spojte slova):**

1. šálek	a) štěstí
2. sklenice	b) chleba
3. láhev	c) džusu, vody, mléka
4. talíř	d) času
5. kus / kousek	e) práce
6. čtvrt(ka), půl(ka)	f) vody, piva, vína
7. krajíc	g) chleba, másla
8. málo	h) vína
9. hodně	i) chleba, dortu, čokolády
10. moc	j) čaje, kávy
11. sklenička	k) polévky

8 CO JE NOVÉHO?
WHAT'S NEW?

co, něco, nic mnoho, hodně málo dost	**+**	*adjective in the genitive*
koho, něk**oho**, nik**oho**		

Co je zajímav**é?**	**×**	**Co** je zajímav**ého?**
		Je **mnoho/málo** zajímav**ého**. – Film, kniha… **Nic** není zajímav**ého**.
Film je zajímav**ý**. Kniha je zajímav**á**. Divadlo je zajímav**é**.		Znáš **něco** zajímav**ého?**
		Znám **něco** / Neznám **nic** zajímav**ého**.
		Znáš **někoho** zajímav**ého?**
		Znám **někoho** / Neznám **nikoho** zajímav**ého**.

■ **27. Fill in the adjectives in the genitive (Doplňte adjektiva v genitivu):**

Co je nov**ého**?

Je **mnoho** (nové) _____.

Není **nic** (nové) _____.

Co si dáš k jídlu / k pití?

Dám si **něco** (dobré) _____.

Nedám si **nic** (studené) _____.

Chci si dát **něco** (lehké) _____.

Nechci si dávat **nic** (těžké) _____.

Co chceš číst?

Chci číst **něco** (zajímavé) _____.

Nechci číst **nic** (nudné) _____.

Jaký film chceš vidět?

Chci vidět **něco** (hezké) _____.

Nechci vidět **nic** (hrozné) _____.

Na **co** chceš myslet?

Chci myslet na **něco** (veselé) _____.

Nechci myslet na **nic** (smutné) _____.

Na **koho** myslíš?

Myslím na **někoho** (sympatický) _____.

Nemyslím na **nikoho** (nesympatický) _____.

Na **co** máš chuť?

Mám chuť na **něco** (dobré) _____.

Mám chuť na **něco** (sladké) _____.

Na **koho** se těšíš?

Těším se na **někoho** (milý) _____.

Netěším se na **nikoho** (nepříjemný) _____.

Je to **něco** (důležité) _____?

Není to **nic** (důležité) _____.

Studuješ ještě něco kromě češtiny?

Jak se můžeš ptát na **něco** (takové) _____!

Nestuduju **nic** (jiné) _____.

▲ **něco / nic takového** – *something / nothing like this*
něco / nic jiného – *something / nothing different*

NIC NOVÉHO ▶

Honza:	Hanko, Hanko! To je ale náhoda! Ahoj!
Hana:	Ahoj.
Honza:	Včera jsem ti volal. Maminka ti nic neříkala?
Hana:	Ne.
Honza:	Rád tě vidím. Vypadáš skvěle.
Hana:	Díky. Ty taky.
Honza:	Co je nového?
Hana:	Já nevím… Asi nic.
Honza:	Půjdeme si někam sednout? Tady naproti je výborná kavárna. Můžeme si dát kafe.
Hana:	Kávu já nepiju. A kromě toho teď opravdu spěchám.
Honza:	No tak zítra.

Hana:	Co je zítra? Středa? Ve středu nemůžu, máme návštěvu. Přijede teta z Ameriky.
Honza:	Ty se máš! Ty máš tetu v Americe! A co ve čtvrtek? Nechceš jít do kina?
Hana:	Ve čtvrtek to nejde. A kromě toho do kina já nemusím, nemám o filmy zájem.
Honza:	No dobře. Nemusíme do kina. Ale můžeme se sejít v pátek. V pátek určitě budeš mít volno.
Hana:	Kdepak! V pátek jdu na mejdan. Kamarádka oslavuje narozeniny.
Honza:	Znám ji? Možná bych mohl jít taky…
Hana:	To je nesmysl! Určitě ji znáš, ale jestli to nevíš, tak tě asi nepozvala.
Honza:	Ach jo. A co sobota? Můžeme jít do divadla. Líbí se ti divadlo? Mám dva lístky na Hamleta.
Hana:	Jo, divadlo, to není špatné. Ale v sobotu jedu s tetou na výlet do Českého Krumlova.
Honza:	To nevadí. Tak se sejdeme v neděli, můžeme jít jen tak na procházku…
Hana:	Já se ale z výletu vrátím až v neděli večer.
Honza:	Tak já na tebe počkám a můžeme jít třeba na zmrzlinu…
Hana:	Ty už opravdu nemáš lepší nápad?
Honza:	Ty si ze mě děláš legraci, nebo jsi opravdu taková…?
Hana:	Jaká?
Honza:	HROZNÁ!!!
Hana:	No tohle!

▲ náhoda – *coincidence*
náhodou – *by chance, by accident*
To je ale náhoda! – *What a surprise!*
Půjdeme si někam sednout? – *What about having a drink somewhere?*
kafe *(coll.)* – *káva*
přijede – *will come, arrive*; přijet (4): *to come, to arrive*
Ty se máš! – *How lucky you are!*
nepozvala tě – *she didn't invite you*; pozvat (4): *to invite*
mejdan *(coll.)* – *party*
jen tak – *for no reason*
až v – *only at, not before than*
lepší – *better*
dělat si z někoho/něčeho legraci – *to make fun of somebody/something*
No tohle! – *What cheek!*

■ **28. Say what do you think (Řekněte, co si myslíte):**

?

Je to pravda, nebo ne?

☑ Ano, je to tak. Je to pravda.   ☒ Ne, není to tak. Je to jinak. A jak?

Honza a Hana šli do kavárny na kafe.

Hanina teta žije v Praze.

Honza viděl Hanu náhodou.

Honza a Hana se sešli v neděli večer.

Honza a Hana šli v neděli večer do divadla na Hamleta.

Hana má zájem o film a divadlo.

Haně se líbí Honza.

Hana má ráda zmrzlinu, ale nemá ráda kávu.

Honza nemá rád Hanu.

Honza má smůlu.

■ **29. Choose the correct answer (Vyberte správnou odpověď):**

Kde žije Hanina teta?
> v Praze, v Americe, v Anglii, v Českém Krumlově

Kam pojedou na výlet?
> do Prahy, do Ameriky, do Anglie, do Českého Krumlova

Odkud přijela Hanina teta?
> z Prahy, z Ameriky, z Anglie, z Českého Krumlova

Jak dlouho bude Hanina teta v Praze?
> jeden den, tři dny*, dva týdny – čtrnáct dní
>
> tři měsíce, dva roky, nikdo neví

* (Host a ryba třetí den smrdí! Znáte to? – *Guests and fish stink the third day,*
e.g. One shouldn't outstay one's welcome!)
Host do domu, Bůh do domu. – *Welcome a guest and you welcome God. (We're not so*
unhospitable in fact!)

Kam pozval Honza Hanu?

do restaurace na oběd	do cukrárny na zmrzlinu
do hospody na pivo	do parku na procházku
do kavárny na kávu	do Českého Krumlova na výlet
do divadla na Hamleta	na mejdan u kamarádky

Kdy se vrátí Hana z výletu?

v sobotu ráno	nikdy
v neděli večer	o víkendu
ve středu odpoledne	zítra
v úterý dopoledne	pozítří
v pátek v poledne	příští týden

■ **30. Say what Honza and Hana are like**
(Řekněte, jaký je Honza, jaká je Hana):

laskavý   milý

sympatický

kamarádský

tolerantní

arogantní   hloupý

hodný

bezvadný

super   nesmělý

fajn

prima

protivný   hrozný

■ **31. Fill in the prepositions (Doplňte prepozice):**

Půjdeme __ kina __ nový český film. Koupíme si lístky __ desáté řady. Včera jsme šli __ hokej. Chceš jít zítra __ fotbal? Bohužel nemůžu, mám lístky __ koncert. Půjdeme spolu __ oběd __ naší oblíbené restaurace? __ víkendu chci jet __ výlet. Pojedu __ Karlštejn a potom __ Berouna. Já půjdu __ výstavu moderního českého umění. __ sobotu večer půjdeme __ diskotéku. Chodíš ráda __ opery? Příští rok chci jet __ Ameriky a __ Kubu. Chodím rád/a __ procházky __ mého oblíbeného parku Stromovka.

až	*not before; only*	oříšek (m)	*hazelnut*
báseň (f)	*poem*	oslavovat (3) + A.	*to celebrate*
bezvadný, -á, -é	*perfect*	osoba (f)	*person*
bouřka (f)	*storm*	párek (m)	*hot dog*
cibulka (f)	*onion, scallion*	pečivo (n)	*bread, pastries*
cizina (f)	*foreign countries,*	pepř (m)	*pepper*
(do ciziny, v cizině)	*abroad*	petržel (f)	*parsley*
čínský, -á, -é	*Chinese*	počkat (1)	*to wait for a while*
deko (n)	*dekagramme*	podobný, -á, -é	*similar*
dostat (4) + A.	*to receive, to get*	pozdrav (m)	*greeting*
hlas (m)	*voice*	proti (prep. + Dat.)	*against*
hlavní město (n)	*capital*	protivný, -á, -é	*hostile*
hodný, -á, -é	*good, well-behaved*	prsten (m)	*ring*
hořčice (f)	*mustard*	příklad (m)	*example*
jinak (adv.)	*in a different way*	přísný, -á, -é	*strict, rigorous*
klášter, -a (m)	*monastery*	půl, půlka (f)	*half of*
knihovna (f)	*library*	rozhovor (m)	*conversation*
kolega (m)	*colleague*	řada (f)	*line, row*
kolegyně (f)		říct (4)	*to say, tell*
konec (m)	*the end*	sednout si (4)	*sit down;*
kostel (m)	*church*		*go for a drink*
krajíc (m)	*slice*	sejít se (4)	*to meet*
květina, květiny (f)	*flower(s)*	smysl (m)	*sense, meaning*
kus, kousek (m)	*a piece of*	sklenička (f)	*glass; jigger*
láhev (f)	*bottle*	splést se (4)	*to make a mistake*
laskavý, -á, -é	*kind, good*	stejně	*in the same way;*
lékárna (f)	*pharmacy*		*anyhow*
lepší	*better*	stejný, -á, -é	*same*
les (m)	*forest*	sůl (f)	*salt*
lhát: lžu (4)	*to lie*	svátek, svátky (m)	*holiday, feast*
malina (f)	*raspberry*	svátek (m)	*name day*
mejdan (m) *(coll.)*	*party*	svazek (m)	*bundle*
mnoho	*many, much*	šálek (m)	*cup*
náhoda (f)	*coincidence*	šlehačka (f)	*whipped cream*
naposledy	*the last time*	takový, -á, -é	*such; like this*
názor (m)	*opinion*	talíř (m)	*plate*
nemocnice (f)	*hospital*	tečka (f)	*full stop; dot*
nemocný, -á, -é	*sick*	teta (f)	*aunt*
nesmělý, -á, -é	*shy, diffident*	tma (f)	*darkness*
nuda (f)	*tedium, boredom*	tolik	*so much*
oba (m), obě (f, n)	*(they) both*	trh (m)	*market*
okamžik (m)	*moment, instant*	ubytování (n)	*accommodation*
olej (m)	*oil*	úplně	*absolutely, entirely*
omáčka (f)	*sauce*	určitě	*certainly*
omlouvat se (1)	*to apologize*	Velikonoce (f pl.)	*Eastern*
za + A.		veselý, -á, -é	*merry*

volat (1)	to call	zoologická	zoo
voják (m)	soldier	zahrada (f)	
vrátit se (2)	to return	žert (m)	joke
vrátný (m), -á (f)	porter		
vypadat (1)	to look like	**FRÁZE:**	***PHRASES:***
vyřídit (2) + A.	to convey, pass on	být vedle	to be wrong
vzduch (m)	air	dělat si z někoho	to make fun of
vzkaz (m)	message	legraci	somebody
začít (4)	to start, begin		
zámek (m)	château, castle; lock	Kdepak!	Far from it!
(být) zamilovaný do	to be in love with		Not at all!
zamilovat se (3)		Měj/te se hezky!	Have a good time!
do + G.		To je ale náhoda!	What a surprise!
základní škola (f)	elementary s.	To je nesmysl!	It's nonsense!
zase (adv.)	again	To nejde!	That won't work!
zapomenout (4) + A.	to forget	To snad není pravda!	I don't believe this!
zbláznit se (2) z + G.	to go mad	To stačí.	That's enough!
země (f)	country; earth	Ty se máš!	How lucky you are!
zimní stadion (m)	winter s.		

MÁLO ČASU, HODNĚ PRÁCE...? ▶

(„... no, to já znám ... a ještě MÁLO PENĚZ A HODNĚ PROBLÉMŮ!")

Honza:	Ahoj, Hanno! Všechno nejlepší! Tady mám pro tebe dárek.
Hanna:	Ó, děkuju! **Vypijeme** ho spolu.
Honza:	Jaká byla oslava?
Hanna:	Výborná… Ale … ty jsi tam nebyl. Proč **jsi nepřišel**?
Honza:	Bohužel jsem nemohl. Měl jsem hodně práce. A nebylo mi moc dobře.
Hanna:	To mě mrzí!
Honza:	Mě taky. Ale zajímá mě, jestli tam bylo <u>hodně</u> **kamarádů** a **kamárádek**?
Hanna:	Bylo <u>**jich**</u> hodně. <u>Hodně</u> **lidí**. Jen ty a Hana jste nebyli.
Honza:	Jak to?! Hana taky nebyla? To není možné!
Hanna:	Taky nemohla **přijít**.
Honza:	Aha. To jsou věci… No, dobře. **Dostala jsi** <u>hodně</u> **dárků**?
Hanna:	Ano, dostala! <u>Několik</u> **knih**, pár **cédéček**…
Honza:	A Juan?
Hanna:	Juan taky **dostal** <u>hodně</u> **dárků**: několik **lahví** vína…
Honza:	Hahaha, to jsou spíš dárky pro tebe!
Hanna:	No právě! Juan má rád pivo, ale skoro nikdo to nevěděl.
Honza:	Má smůlu. No, fajn. A <u>kolik</u> **jsi udělala** **chlebíčků**, <u>kolik</u> **salátů**, <u>kolik</u> **dortů**, <u>kolik</u> **jste vypili piv**…
Hanna:	Hahaha, ty jsi zvědavý! Anebo máš hlad! Neboj! **Neudělala jsem** toho tolik, kolik jsem chtěla. Bohužel jsem nemohla **udělat** všechno, co jsem chtěla. Na koleji není trouba, musela jsem hodně improvizovat… Nebylo to jako doma. Ale bavili jsme se dobře.
Honza:	To jsem rád. Juan mi říkal, že hledáte nějaký byt.
Hanna:	Ano, ale je to těžké. Byty jsou drahé.
Honza:	Jaký byt chcete?
Hanna:	Teď nějaký malý, dva pokoje, kuchyň a koupelnu…
Honza:	Takže 2+1, dvoupokojový byt. A už **jste dali** inzerát?
Hanna:	Ano. Máme <u>několik</u> **nabídek**…, ale nemáme <u>dost</u> **peněz**. Ani dost času. A víš, jaký byt bych chtěla?
Honza:	Jaký?
Hanna:	Chtěla bych <u>pět</u> **pokojů**, <u>několik</u> **koupelen**, <u>několik</u> **teras**…
Honza:	No, nejsi moc skromná. To je opravdu těžké! (*„Chudák Juan!"*) A co návštěva z Finska a ze Španělska?
Hanna:	Už **odjeli**. Moc se jim tady líbilo.

▲ Vypijeme ho spolu. – *We'll drink it together.* – vypít (4)
Proč jsi nepřišel? – *Why you didn't come?* – přijít (4)
Není / Nebylo mi dobře. – *I don't feel / I didn't feel well.*
To jsou věci! – *That's something! (You must be joking!)*
spíš – *rather*
dělat *(proces)* – udělat *(rezultát)*
tolik – kolik – *as much as*
No právě! – *Exactly! You're right!*
Neboj! – *Don't worry!*
Už odjeli. – *They've already left.* – odjet (4)
líbilo se jim – *they liked it*

■ 1. Respond (Odpovězte):

Jaký dárek dostala Hanna od Honzy?

_____

Proč Honza nebyl na oslavě?

_____

Věděl Honza, že Hana tam taky nebyla?

_____

Kolik tam bylo kamarádů a kamarádek?

_____

Jaké Hanna dostala dárky?

_____

Proč má Juan smůlu?

_____

Připravila Hanna pro hosty hodně jídla a pití?

_____

Proč nemohla udělat všechno, co chtěla?

_____

Jaký byt teď hledají?

_____

Jak velký byt chce Hanna?

_____

Proč je Juan chudák?

_____

			Nominative sg. Tady je jeden, jedna, jedno		Genitive pl. Tady je několik / Mám několik…		
M	hard	a.	kamarád		kamarád**ů**		**+ Ů**
		i.	problém, d**ů**m		problém**ů**, d**o**m**ů**		
	soft	a.	učitel, chlap**e**c		učitel**ů**, **chlapců**		
		i.	počítač		počítač**ů**		
F h.	-A		žena, kniha	dív**k**a kníž**k**a	žen, knih	**dív<u>e</u>k kníž<u>e</u>k**	✗a
N h.	-O		pivo, místo	čí**sl**o ja**bl**ko	piv, míst	**čís<u>e</u>l jab<u>l</u>ek**	✗o
F s.	-ice, -ile		sklen**ice**, koš**ile**		**sklenic, košil**		✗e
	-e/-cons.		restaur**ace**, kuchyň, věc		restaur**ací**, kuchyn**í**, věc**í**		✗e
N s.	-E		moř**e**		moř**í**		**-Í**
	-Í		náměstí		náměstí		

» M: dům, stůl: -Ů- > -O-   → domů, stolů

zámek, týden, cizinec: ☒-E-   → zámků, týdnů, cizinců

F + N: holka, dívka, tužka, knížka, fotka   ↗ holek, dívek, tužek, knížek, fotek

+ -E-

okno, jablko, číslo, křeslo, patro   ↘ oken, jablek, čísel, křesel, pater

!   palem, bank   !

! | | | |
|---|---|---|
| **přítel** (friend): | Mám jednoho přítele. | → Mám několik **přátel**. |
| **obyvatel** (inhabitant): | | → Kolik **obyvatel** má Praha? |
| **peníze** (money): | Mám nějaké peníze. | → Mám málo **peněz**. |
| **tisíc** (thousand): | Mám dva tisíce. | → Mám několik **tisíc**. |
| | | |
| **člověk** (man): | Znám jednoho člověka. | → Znám hodně **lidí**. |
| **dítě** (child): | Znám jedno dítě. | → Znám hodně **dětí**. |
| **den** (day): | | → Kolik **dní/dnů** jsi tady? |

			Nominative sg.		Genitive pl.		
M	TEN	-Ý -Í	ten dobrý kluk cizí		**těch** dobr**ých** kluků ciz**ích**		
F	TA	-Á -Í	ta dobrá holka cizí	M + F + N	**těch** dobr**ých** holek ciz**ích**	**TĚCH**	-**ÝCH** -**ÍCH**
N	TO	-É -Í	to dobré pivo cizí		**těch** dobr**ých** piv ciz**ích**		

	Nominative sg.		Genitive pl.		
	M	**F + N**	**M + F + N**		
já	**můj** kluk	**moje** holka, pivo	**mých**	kluků holek piv	-**ÝCH**
ty	**tvůj** problém	**tvoje** kniha, auto	**tvých**	problémů knih aut	
ona	**její** počítač, tužka, kolo		**jejích**	počítačů tužek kol	-**ÍCH**
my	**náš** dům	**naše** kolej, okno	**našich**	domů kolejí oken	-**ICH**
vy	**váš** kamarád	**vaše** zahrada, místo	**vašich**	kamarádů zahrad míst	

>> **jejich** × **jejích:** několik **jejich** přátel, několik **jejích** přátel
↓ ↓
*a few of **their** friends,* *a few of **her** friends*

po předložkách s genitivem / after prepositions with the genitive	
Jsme **z** / Jedeme **do** … růz**ných** kontinen**tů**, stá**tů**, zem**í**, měst	
po / after HODNĚ – MOC – DOST – MÁLO with countable nouns:	
Mám **hodně** kamará**dů**, kamará**dek** ✗ hodně práce, vody, piva (G. sg.)	
po / after KOLIK, TOLIK, NĚKOLIK / PÁR	
Kolik máš ro**ků**? Kolik je hodin? Kolik máš pe**něz**? Znám jen **několik** / **pár** lidí…	
po číslovkách / after numerals 5 …∞	
Mám **pět** seši**tů**, **šest** knih, **sedm**, **sto**, **tisíc** piv…	
partitivní genitiv – partitive genitive	
rozvrh hodin, kytice růží, krabice džusu – několik krabic džusu	
po některých verbech / after certain verbs	
viz / see L 8	

▲ stát × země (moje země) / místnost × pokoj (můj pokoj)

■ 2. Put into the genitive plural (Dejte do genitivu plurálu):

Co Hanna chtěla, ale nemohla udělat?
Hanna chtěla, ale nemohla udělat

	hodně…	čokoládový dort	_____
		tvarohový koláč	_____
		houskový knedlík	_____
		(různá) omáčka	_____
		pečená kachna	_____
		grilovaná ryba	_____
Co Hanna připravila?			
Hanna připravila	**hodně**	sýrový talíř	_____
		šunkový chlebíček	_____
		červená paprika	_____
		čerstvá okurka	_____
		červené fazole	_____
Co připravil Juan?			
Juan připravil	**hodně**	krabice pomerančového džusu	_____
	několik	litr červeného vína	_____
	hodně	litr vodky	_____
		láhev minerální vody	_____
		láhev piva	_____

Kdo byl na oslavě? Na oslavě bylo

hodně / moc	člověk	_____
	přítel	_____
	kamarád a kamarádka	_____
několik / pár	Španěl a Španělka	_____
	Fin a Finka	_____
	Čech a Češka	_____
	Američan a Američanka	_____
	Angličan a Angličanka	_____
	Němec a Němka	_____

■ 3. Replace the nouns with personal pronouns (Nahraďte substantiva zájmeny):

Ptal ses **kolemjdoucího** na cestu? – Ne, neptal jsem se ____.

Bál ses velkých **psů**? – Nikdy jsem se _____ nebál.

Bála ses černých **koček**? – Vždy jsem se _____ bála.

Byl jsi v neděli u **rodičů**? – Jak jsem u _____ mohl být?! Jsem v Praze!

Půjdeš tam bez **Hany**? – Samozřejmě že bez ____ nikam nepůjdu!

Sedí Hanna vedle **Juana**? – Vždy sedí vedle _____.

■ 4. Put into the genitive plural (Dejte do genitivu plurálu):

V Praze je   **hodně / spousta × několik / pár × málo…**

obchodní dům	_____
luxusní obchod	_____
velký supermarket	_____
starý kostel	_____
sportovní stadion	_____
džezový klub	_____
levná hospoda	_____
zastávka tramvají	_____
cizí banka	_____
drahá restaurace	_____
hezká galerie	_____
studentská kolej	_____
malá věž	_____
koncertní síň	_____

úzká ulice	_____
staré auto	_____
vlakové nádraží	_____

■ 5. Put into the genitive plural (Dejte do genitivu plurálu):

V České republice je **hodně / spousta × několik / pár × málo…**

starý hrad	_____
romantický zámek	_____
krásný les	_____
velký park	_____
barokní palác	_____
laskavý člověk	_____
malý rybník	_____
špinavá řeka	_____
stará univerzita	_____
ošklivá žena	_____
levná hospoda	_____
krásná holka	_____
velká knihovna	_____
telefonní budka	_____
široká ulice	_____
drahá restaurace	_____
nová galerie	_____
hezké město	_____
dobré divadlo	_____
historické náměstí	_____
moderní nádraží	_____

■ 6. What do you buy at the market? (Co nakupuješ na trhu?):

Prosím **kilo** / **půl kila** / **pět** / **několik**…

banán – banány _____	brambora – brambory _____
pomeranč – pomeranče _____	mandarinka – mandarinky _____
citron – citrony _____	meruňka – meruňky _____
ořech – ořechy _____	hruška – hrušky _____
grep – grepy _____	třešeň – třešně _____
jahoda – jahody _____	jablko – jablka _____

■ **7. Answer the question (Odpovězte na otázku):**

Kam pojedeme?

Pojedeme **do**

Čechy	_____
Domažlice	_____
Litoměřice	_____
Teplice	_____
Prachatice	_____
České Budějovice	_____
Moravské Budějovice	_____
Karlovy Vary	_____
Vysoké Tatry	_____
Nízké Tatry	_____
Lužické hory	_____
Jizerské hory	_____
Bílé Karpaty	_____
Západní Alpy	_____
Východní Alpy	_____
Krkonoše	_____
Helsinky	_____
Atény	_____
Benátky (*Venezia*)	_____
Benátky nad Jizerou	_____

» *A "zero" ending in the Gen. pl., even for* **masculine nouns**, *is typical for nouns that* **only have a plural form!**

Toho je moc! Jakou máš představu? Co chceš dělat?

Jestli chceš jen tak cestovat, tak můžeme jet do _____

Jestli chceš chodit na procházky, můžeme jet do _____

Jestli rád/a lyžuješ, můžeme jet do _____

Jestli rád/a plaveš, můžeme jet do _____

Jestli chceš navštívit muzea, můžeme jet do _____

Jestli chceš potkat hodně turistů, pojedeme do _____

Jestli nechceš potkat hodně turistů, pak je lepší jet do _____

Kolik je hodin?					
V sg. + S sg.		**V pl. + S pl. – Nom.**		**Verb sg. (N) + S pl. – Gen.**	
Je By**la** Bude	**1** hodin**a**.	Jsou By**ly** Budou	**2, 3, 4** hodiny.	Je **Bylo** Bude	**5, 6, 7, 8…** hodin!
Kolik tady **žije cizinců?**					
Žije Žil Bude žít	**1** cizine**c**.	Žijou Žili Budou žít	**2, 3, 4** cizinci.	Žije **Žilo** Bude žít + Znám	**5, 6 … několik, pár, málo, hodně, moc… cizinců.**

>> **Kolik je nás?** – **Bylo nás** osm, přijde ještě pět studentů a **bude nás** třináct!

>> Tady je jedna láhev francouzského vína.
Tady jsou dvě / tři / čtyři lahve francouzského vína.
Tady je pět / několik lahví francouzského vína.

■ **8. Fill in the correct numeral according to the form of the noun. (Pay attention to the forms of *jeden* a *žádný*!) – (Doplňte správné číslovky podle tvaru substantiva – pozor na tvary číslovky *jeden* a *žádný*!):**

Kolik znáš Američanů?

Znám jen _____ Američana. *(Koho?)* Neznám ani _____/ (_____) Američana.
Znám _____ Američany. Znám _____ Američanů.

Kolik máš českých knih?

Mám jen _____ českou knihu. *(Kterou?)* Nemám ani _____/ (_____) českou knihu.
Mám _____ české knihy. Mám _____ českých knih.

Kolik máš cédéček?

Mám jen _____ cédéčko. *(Které?)* Nemám ani _____/ (_____) cédéčko. Mám
_____ cédéčka. Mám _____ cédéček.

Kolik znáš českých spisovatelů?

Znám jen _____ českého spisovatele. *(Kterého?)* Znám _____ české
spisovatele. *(Které?)* Znám _____ českých spisovatelů.

Kolik znáš českých zpěvaček?

Znám jen _____ českou zpěvačku. *(Kterou?)* Znám _____ české zpěvačky.

(Které?) Znám _____ českých zpěvaček.

Kolik jsi měl/a dneska piv?

Měl/a jsem jen _____ pivo. *(Jaké?)* Měl/a jsem _____ piva.

Měl/a jsem _____ piv. *(Už zase!)*

Kolik znáš Čechů?

Znám jen _____ Čecha. *(Koho?)* Znám _____ Čechy.

Znám _____ Čechů.

Kolik znáš českých hospod?

Znám jen _____ českou hospodu. *(Kterou?)* Znám _____ české hospody.

(Které?) Znám _____ českých hospod.

Kolik znáš českých měst?

Znám jen _____ české město. *(Které?)* Znám _____ česká města. *(Která?)*

Znám _____ českých měst.

■ **9. Put the verbs into the correct form of the present and past tenses and the noun into the gen. pl. (Dejte slovesa do správných forem přítomného a minulého času a podstatná jména do gen. pl.):**

Na Karlově univerzitě (studovat) _____ /_____ mnoho (student) _____.

Na fakultě (být) ____ /____ málo (počítač) _____.

V bance (pracovat) _____ /_____ mnoho (úředník) _____.

V Praze (být) _____ /____ mnoho (dobrá pekárna) _____.

V Praze (nebýt) _____ /_____ dost (lékárna a čistírna) _____.

Ve městě (žít) ____ /_____ mnoho (člověk) _____.

Ve filmu (hrát) _____ /_____ několik (známý herec a herečka) _____

_____.

Do České republiky (jezdit) _____ / _____ hodně (turista) _____.

Na světě (být) ____ / _____ hodně (zajímavé věci) _____.

V Česku (bydlet) _____ / _____ hodně (moji kamarádi) _____.

V lednu (být) _____ / _____ hodně (studené dny) _____.

Imperfective verbs		Perfective verbs	
A PROCESS		*THE RESULT*	
"real" present	PÍŠU	*NO PRESENT!!!*	
multiple actions		*single, completed action*	
"planned" future	BUDU PSÁT	*"sure" future*	NAPÍŠU
"long-lasting" past	PSAL JSEM	*"done" past*	NAPSAL JSEM

budu psát — píšu — psal/a jsem → **PSÁT** × **NAPSAT** → napíšu dopis — ø — napsal/a jsem dopis

---

» *Modal verbs – and a few other verbs as well – can be **only imperfective**:*
můžu – budu moct, mohl/a jsem;
musím – budu muset, musel/a jsem;
chci – budu chtít, chtěl/a jsem;
smím – budu smět, směl/a jsem;
mám – budu mít, měl/a jsem;
chodím – budu chodit, chodil/a jsem;
jezdím – budu jezdit, jezdil/a jsem...

Imperfective verb → Perfective verb

A)	***prefix + form of present*** *(perfective and imperfective verbs have the same meaning)*

PÍŠU – *I write; I'm writing* → **NA + PÍŠU** – *I'll write*

PLATÍM – *I pay; I'm paying* → **ZA + PLATÍM** – *I'll pay*

B)	***different, but very similar form to imperfective verb***

KUPUJU – *I buy; I'm buying* → **KOUPÍM** – *I'll buy*

POUŽÍVÁM – *I use; I'm using* → **POUŽIJU** – *I'll use*

Perfective verb → Imperfective verb

C)	***prefix + verb of motion*** *(when we add a prefix, we get a perfective verb with a new meaning)*

PŘI + JDU – *I'll come*	↔	**PŘICHÁZÍM** – *I'm coming*
	JDU – *I go*	
ODE + JDU – *I'll leave*	↔	**ODCHÁZÍM** – *I'm leaving*

■ 10. Complete the tables (Doplňte tabulky):

A)

NA-	Present	Future	Past	anglicky
jíst (2) **na**jíst <u>se</u> + **sníst**	jím	budu jíst najím se + sním	jedl/a jsem najedl/a jsem se snědl/a jsem	*to eat*
snídat (1) **na**snídat <u>se</u>	snídám			*to have breakfast*
obědvat (1) **na**obědvat <u>se</u>	obědvám			*to have lunch*
večeřet (2) **na**večeřet <u>se</u>	večeřím			*to have dinner*
pít (4) **na**pít <u>se</u> + **vypít**	piju			*to drink*
psát (4) **na**psat	píšu			*to write*
učit se (2) **na**učit **se**	učím se			*to learn*

›› najíst se × sníst: Najedl/a jsem se dost/dobře. × Snědl/a jsem všechno.
→ Talíř je prázdný!
napít se × vypít: Napil jsem se trochu džusu. × Vypil jsem celý džus.
→ Sklenice je prázdná!

O-	Present	Future	Past	anglicky
chutnat (1) **o**chutnat	chutná mi	bude mi chutnat ochutnám	chutnalo mi ochutnal/a jsem	*to enjoy the taste* *to taste, to try*
holit se (2) **o**holit se	holím se			*to shave*
sprchovat se (3) **o**sprchovat se	sprchuju se			*to take a shower*

>> chutnat: Pivo mi chutná, vždy mi chutnalo a vždy mi bude chutnat!
   ochutnat: Chceš ochutnat ten dort? – Ochutnám. Fuj, ochutnal/a jsem
              a nechutná mi! – Fajn, mně chutná a já ho sním!

M. Dort mi chutná – chutnal.   Knedlíky mi chutnají – chutnaly.
F. Káva mi chutná – chutnala.   Špagety mi chutnají – chutnaly.
N. Pivo mi chutná – chutnalo.   Vejce mi chutnají – chutnala.

PO-	Present	Future	Past	anglicky
čekat (1) **po**čkat!!!	čekám	budu čekat počkám	čekal jsem počkal jsem	to wait
děkovat (3) **po**děkovat	děkuju			to thank
dívat se (1) **po**dívat se	dívám se			to look at
radit (2) **po**radit	radím			to advise
zvát (4) **po**zvat	zvu			to invite

>> Jak dlouho budeš čekat? – Nebudu čekat dlouho, počkám jen pět minut.
   Děkuju za všechno. – Chci poděkovat za všechno!
   Zvu tě na mejdan! – Chci tě pozvat na mejdan!

PŘE-	Present	Future	Past	anglicky
číst (4) **pře**číst	čtu			to read

>> Co děláš? – Čtu noviny.
   Budeš je číst ještě dlouho? – Budu je číst tak dlouho, než je přečtu.

9 IMPERFEKTIVNÍ A PERFEKTIVNÍ SLOVESA
IMPERFECTIVE & PERFECTIVE VERBS

S-	Present	Future	Past	anglicky
končit (2) **s**končit	končím			to end
trávit (2) **s**trávit	trávím			to spend time

» končit + Acc.: Končím práci.
Nom. + končit: Film / přednáška končí.

× přestat + Inf.: Přestal kouřit.
Přestalo pršet.
začínat + Inf.: Začíná rozumět.

U-	Present	Future	Past	anglicky
dělat (1) **u**dělat	dělám			to do, make
mýt se (4) **u**mýt se	myju se			to wash oneself
vidět (2) **u**vidět	vidím			to see
vařit (2) **u**vařit	vařím			to cook
VY-				
luxovat (3) **vy**luxovat	luxuju			to vacuum clean
spát (2) **vy**spat se	spím			to sleep, rest
prát (4) **vy**prat	peru			to wash
ZA-				
pamatovat si (3) **za**pamatovat si	pamatuju si			to remember
platit (2) **za**platit	platím			to pay
telefonovat (3) **za**telefonovat	telefonuju			to phone
volat (1) **za**volat	volám			to call
ZE-				
ptát se (1) **ze**ptat se	ptám se			to ask

» **pamatovat se na + Acc.:** Pamatuješ se na toho kluka? – Nepamatuju se.
pamatovat si + Acc.: Pamatuješ si jeho jméno? – Nemůžu si ho zapamatovat!

■ **11. Put the verbs into the future tense (Dejte slovesa do budoucího času):**

Včera jsem **u**vařil/a dobrou večeři. – Zítra _____ dobrou večeři.

Napsal/a jsem domácí úkol. A ty? – _____ domácí úkol. A ty?

Já jsem ho ne**na**psal/a, neměl/a jsem čas. – Já ho _____, _____ ___ čas.

Kdo **za**platil oběd? – Kdo _____ oběd?

Juan se ráno jen **u**myl, ne**o**holil se. – Juan se ráno jen _____, _____ __.

Kdy **s**končila výstava čínské fotografie? – Kdy _____ výstava…?

Ochutnal/a jsi tu polévku? – _____ tu polévku?

Naobědvali jsme se v restauraci. – _____ _ v restauraci.

Zeptal/a ses někoho na ten problém? – _____ __ někoho na ten problém?

Kolik jsi včera **vy**pil/a piv? – Kolik dnes _____ piv?

Jídlo mi moc chutnalo, **s**nědl/a jsem všechno. – Jídlo mi moc chutná, _____
všechno.

Asi sis chtěl dát ještě trochu, ale bohužel už nic nezbylo. – Asi si _____ _____
dát ještě trochu, ale bohužel už nic nezbylo.

Podíval/a ses na to cvičení? – _____ __ na to cvičení?

Pozvali tě na oslavu? – _____ tě na oslavu?

Nikdo mě ne**po**zval, ale já jsem tam šel. – Asi mě nikdo _____, ale já
tam _____!

Počkal/a jsem chvíli a pak jsem šel/šla pryč! – _____ chvíli a pak _____ pryč.

Naučil/a jsem **se** všechna nová slovíčka! – _____ __ všechna nová slovíčka!

Nevím, jestli jsem si je **za**pamatoval/a. – Nevím, jestli __ je _____!

■ **12. Put the verbs into the compound future tense (Dejte slovesa
do složeného budoucího času):**

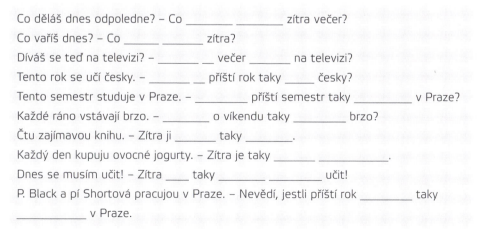

Co děláš dnes odpoledne? – Co _____ _____ zítra večer?

Co vaříš dnes? – Co _____ _____ zítra?

Díváš se teď na televizi? – _____ __ večer _____ na televizi?

Tento rok se učí česky. – _____ __ příští rok taky _____ česky?

Tento semestr studuje v Praze. – _____ příští semestr taky _____ v Praze?

Každé ráno vstávají brzo. – _____ o víkendu taky _____ brzo?

Čtu zajímavou knihu. – Zítra ji _____ taky _____.

Každý den kupuju ovocné jogurty. – Zítra je taky _____ _____.

Dnes se musím učit! – Zítra ____ taky _____ _____ učit!

P. Black a pí Shortová pracujou v Praze. – Nevědí, jestli příští rok _____ taky
_____ v Praze.

■ **13. Complete the table (Doplňte tabulku):**

B)

	Present	Future	Past	anglicky
brát – beru (4) vzít (4) **!!!**	beru	budu brát vezmu	bral/a jsem vzal/a jsem	to take
dávat (1) dát (1)	dávám			to give
domlouvat se (1) domluvit se (2)	domlouvám se			to reach an agreement
dostávat (1) dostat (4)	dostávám	dostanu		to get, receive
kupovat (3) koupit (2)	kupuju			to buy
navštěvovat (3) navštívit (2)	navštěvuju			to visit, to go and see
pomáhat (1) pomoct (4)	pomáhám	pomůžu		to help
posílat (1) poslat (4)	posílám	pošlu		to send
používat (1) použít (4)	používám	použiju		to use
prohlížet si (2) prohlédnout si (4)	prohlížím si			to have a look at
připravovat (3) připravit (2)	připravuju			to prepare
říkat (1) říct (4)	říkám	řeknu		to say
ukazovat (3) ukázat (4)	ukazuju	ukážu		to show
vracet se (2) vrátit se (2)	vracím se			to return
vstávat (1) vstát (4)	vstávám	vstanu		to get up
vysvětlovat (3) vysvětlit (2)	vysvětluju			to explain
začínat (1) začít (4)	začínám	začnu		to begin

	Present	Future	Past	anglicky
zapomínat (1) zapomenout (4)	zapomínám	zapomenu		to forget
zůstávat (1) zůstat (4)	zůstávám	zůstanu		to stay
zvykat si (1) zvyknout si (4)	zvykám si	zvyknu si		to get used to

>> **zapomenout na + A.** *(abstraktní význam)* × **zapomenout + A.** *(konkrétní význam):* Zapomněla jsem na tvoje narozeniny. Na babičku jsme zapomněli. × Zapomněla jsem doma brýle. Babičku jsme zapomněli doma.

■ **14. Put the verbs into the future tense – present form of the perfective verbs (Dejte slovesa do budoucího času – prézentní formy perfektivních sloves):**

Co sis dal/a k obědu? _____

Dal/a jsem si kuře a hranolky. _____

Kde sis koupil/a nový česko-anglický slovník? _____

Koupil/a jsem si ho u Fišera. _____

Domluvili jste se, kdy a kde se sejdete? _____

Domluvili jsme se na neděli v 6 hodin večer. _____

Kdy ses vrátil/a? _____

Vrátil/a jsem se dost pozdě. _____

Hana si koupila nové boty. _____

Hanna připravila hodně chlebíčků. _____

Juan jí přitom trochu pomohl. _____

Včera Juan zase vstal pozdě. Zítra _____

Zůstal v Praze ještě jeden rok. _____

Zvykl si na česká jídla. _____

Začal/a se učit česky. _____

Navštívili jsme hodně českých měst. _____

Dostal jsem dopis od kamaráda. _____

■ **15. Respond (Odpovězte):**

Jak často navštěvuješ rodiče? _____

Kdy jsi naposledy navštívil/a rodiče? _____

Kdy se obvykle večer vracíš domů? _____

Kdy ses včera vrátil/a domů? _____

9 IMPERFEKTIVNÍ A PERFEKTIVNÍ SLOVESA
IMPERFECTIVE & PERFECTIVE VERBS

Kdy obvykle vstáváš? _____
V kolik hodin jsi vstal/a dnes ráno? _____
Jak často kupuješ ovoce? _____
Koupil/a jsi včera nějaké ovoce? _____
Jak často posíláš esemesky? _____
Kdy jsi naposledy poslal/a esemesku? _____
Jak pomáháš doma? Co děláš? _____
Jaký používáš šampon na vlasy? _____
Používáš krém na boty? _____
Říkáš vždy pravdu? _____
Kdy ne? _____

■ 16. a) Put modal verbs into the past tense, b) put infinitives into the future and c) change the aspect to express the present tense
(a) Dejte modální slovesa do minulého času, b) infinitivy do budoucího a c) změňte vid, abyste vyjádřili přítomný čas):

Chci si koupit nový kabát.
Chtěl jsem si koupit nový kabát.
Koupím si nový kabát.
Kupuju si nový kabát.

Nemůžu si zvyknout na pražské počasí. _____

Nechci se vrátit domů pozdě. _____

Nesmím nic říct. _____

Chci ti ukázat nové fotky. _____

Zítra musím vstát brzo! _____

Chci tady zůstat. _____

92

Chci si prohlédnout celé muzeum.

_____

_____

_____

Promiň! Asi ti nemůžu pomoct.

_____

_____

_____

Chci připravit něco dobrého k jídlu.

_____

_____

_____

›› MODAL VERBS & PERFECTIVE VERBS

Co si chcete koupit? Chci si koupit…
Kdy se chcete vrátit? Chci se vrátit…
Co mi chceš říct? Chci ti říct…
Můžu se tě / vás na něco zeptat?
Můžu ti pomoct?
Můžu tě navštívit?
Můžu něco říct?
Chci vás pozvat na návštěvu.
Chci vám poděkovat za všechno!
Nemůžu si zvyknout na pivo!
Nemůžu si zapamatovat to slovo!
Nemůžu zapomenout na tu dovolenou!
Nemůžu se naučit tu lekci!*
Nemůžu sníst celý oběd!
Můžeš počkat?
Chci ti to vysvětlit! Můžu ti to vysvětlit?
Musíš mi říct pravdu!

! Už nechci čekat! Nemusíš mi nic vysvětlovat! Nemusíš mi nic říkat!
_This is a kind of negative imperative form (more about it in Lesson 12)
and contains a hint of "anger"!_

---

* Musíš se snažit: Kolik umíš jazyků, tolikrát jsi člověk!

■ **17. Respond using the negative answer**
  (Odpovězte na otázky a použijte přitom negace):

Bál/a ses zkoušky?   Ne, nebál/a jsem se zkoušky.

Díval/a ses na ten film?   _____

Umyl/a ses ráno?   _____

Umyl/a sis vlasy?   _____

Osprchoval/a ses aspoň?   _____

Oblékal/a ses vždy moderně?   _____

Všiml/a sis mého nového mobilu?   _____

Těšil/a ses na mě?   _____

Ptal/a ses mě na něco?   _____

Učil/a ses včera večer?   _____

Naučil/a ses nová slovíčka?   _____

Koupil/a sis něco?   _____

Dal/a sis zmrzlinu?   _____

Měl/a ses o víkendu dobře?   _____

Zajímal/a ses o mého souseda?   _____

Opakoval/a sis slovíčka?   _____

Zlobil/a ses na paní učitelku?   _____

Nezbláznil/a ses náhodou?   _____

Účastnil/a ses kurzu?   _____

Vážil/a sis pana profesora?   _____

Dělal/a sis ze mě legraci?   _____

Všiml/a sis něčeho zajímavého?   _____

Zamiloval/a ses do Honzy?   _____

Možná ses spletl/a?   _____

Vrátil/a ses večer pozdě?   _____

Zapamatoval/a sis, co jsem ti řekl/a? _____

Nasnídal/a ses ráno?   _____

Naobědval/a ses dobře?   _____

Vzal/a sis ten dort?   _____

Zvykl/a sis na české jídlo?   _____

C) VERBS OF MOTION / SLOVESA POHYBU

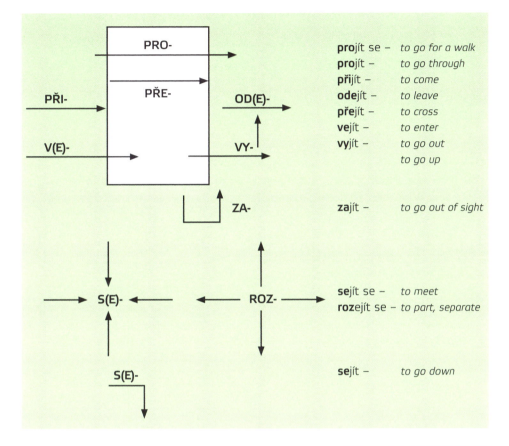

	PRO-		
		projít se –	*to go for a walk*
		projít –	*to go through*
PŘI-	PŘE-	**při**jít –	*to come*
		OD(E)-	**ode**jít – *to leave*
		přejít –	*to cross*
V(E)-	VY-	**ve**jít –	*to enter*
		vyjít –	*to go out*
			to go up
	ZA-	**za**jít –	*to go out of sight*
S(E)-	ROZ-	**se**jít se –	*to meet*
		rozejít se –	*to part, separate*
S(E)-		**se**jít –	*to go down*

Kdy? – Teď, večer, zítra, včera...			Kdy? – Často, vždy... + Jak často/dlouho?		
imperfective			*imperfective*		
JÍT			CHODIT		
present	*future*	*past*	*present*	*future*	*past*
jdu	**pů**jdu	šel/šla jsem	chodím	budu chodit	chodil/a jsem
jdeš	**pů**jdeš	šel/šla jsi	chodíš	budeš chodit	chodil/a jsi
jde	**pů**jde	šel/šla	chodí	bude chodit	chodil/a
base for perfective			*base for imperfective*		
PŘI- + JÍT			PŘI- + -CHÁZET		
přijdu	přišel/šla jsem		**při**cházím	budu přicházet	přicházel/a jsem
přijdeš	přišel/šla jsi		**při**cházíš	budeš přicházet	přicházel/a jsi
přijde	přišel/šla		**při**chází	bude přicházet	přicházel/a

imperfective	
JÍT / JET	**CHODIT / JEZDIT**
perfective – Future tense	*imperfective – Present tense*
PŘIJÍT: přijdu (4) – *I'll come* **PŘI**JET: přijedu (4) – *I'll arrive*	**PŘI**CHÁZET: přicházím (2) – *I'm coming* **PŘI**JÍŽDĚT: vlak přijíždí (2) – *The train is arriving*
ODEJÍT – odejdu (4) – *I'll go away* **OD**JET – odjedu (4) – *I'll leave*	**OD**CHÁZET: odcházím (2) – *I'm leaving* **OD**JÍŽDĚT: vlak odjíždí (2) – *The train's leaving*

» Nikdy nechodil / nepřicházel pozdě, včera přišel pozdě. Doufám, že nebude vždy přicházet pozdě / že už nikdy nepřijde pozdě!

■ **18. Put the sentences into the future tense (Dejte věty do budoucího času):**

Včera přijela teta z Ameriky.	Zítra _____
Minulý měsíc přijeli do Prahy Rodrigo a Minna.	Příští měsíc _____
Honza nepřišel na oslavu.	_____
Hana taky nepřišla.	_____
Kdy odjeli Rodrigo a Minna?	_____
Nikdo neví, kdy odjela teta.	_____
Sešli jsme se u kina.	_____
Proč jste včera nešli do kina?	_____
Vyšli jsme ven.	_____
Kdy dnes vyšlo slunce?	_____
Vyšli do pátého patra.	_____
Proč do pátého patra nevyjeli?	_____
(Buď tam nebyl, anebo nefungoval výtah!)	
Chvíli jsme se prošli.	_____
Přešli jsme na druhou stranu ulice.	_____
Jdeš dnes večer na ten film?	_____
Jedeš do Ameriky?	_____

■ **19. Put the sentences into the present tense**
   (Dejte věty do přítomného času):

Asi přijdu pozdě.   _____

Kdy přijdeš večer domů?   _____

Odejdu pryč.   _____

Sejdeme se v pátek.   _____

Projdeme se po Praze.   _____

Přejdeme ulici na přechodu.   _____

Projdeme průchodem.   _____

Kdy vyjde slunce?   _____

Přejdeme přes ulici.   _____

Vlak z Brna přijede včas.   _____

Kdy odjede vlak?   _____

Příští týden odjedu z Prahy.   _____

Přijedu zase za týden.   _____

Vlak vjede do stanice.   _____

Auto vjede do garáže.   _____

Na olympiádu se sjedou lidé z celého světa.   _____

Půjdeš někam večer?   _____

V létě nikam nepojedu.   _____

■ **20. Put the sentences into the past and future tense**
   (Dejte věty do minulého a budoucího času):

Večer vždy přicházím pozdě.   _____

                                                    _____

Vždy přecházíš ulici na přechodu?   _____

                                                    _____

Vždy odchází poslední.   _____

                                                    _____

Scházíme se jednou za měsíc.   _____

                                                    _____

Ten vlak vždy přijíždí včas.   _____

                                                    _____

Každou neděli chodíme na procházku.   _____

                                                    _____

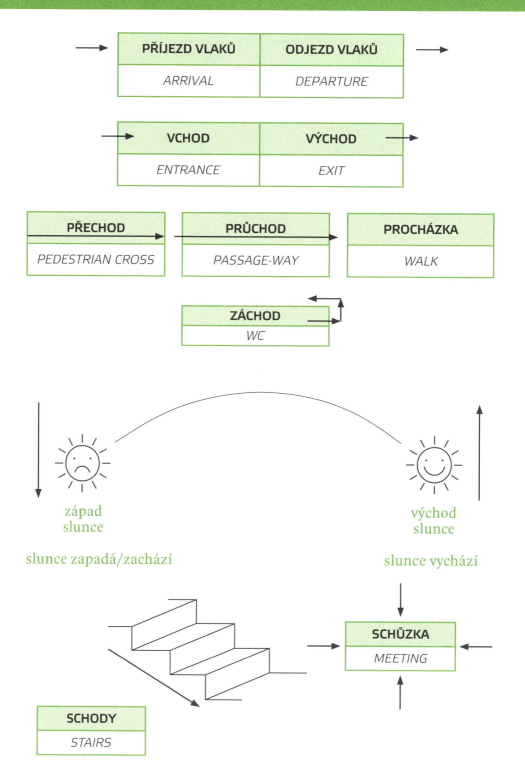

PŘÍJEZD VLAKŮ	ODJEZD VLAKŮ
ARRIVAL	*DEPARTURE*

VCHOD	VÝCHOD
ENTRANCE	*EXIT*

PŘECHOD	PRŮCHOD	PROCHÁZKA
PEDESTRIAN CROSS	*PASSAGE-WAY*	*WALK*

ZÁCHOD
WC

západ
slunce

východ
slunce

slunce zapadá/zachází

slunce vychází

SCHŮZKA
MEETING

SCHODY
STAIRS

■ **21. Respond (Odpovězte):**

Co jsi včera večeřel/a? _____

Navečeřel/a ses dobře? _____

Co budeš večeřet dnes? _____

Jak trávíš volný čas? _____

Jak jsi strávil/a víkend? _____

Kde strávíš prázdniny? _____

Jak často posíláš esemesky? _____

Kolik esemesek jsi poslal/a včera? _____

Jakou kosmetiku používáš? _____

Pomáháš doma? Jak?

myju nádobí / okna

vynáším smetí

uklízím byt

vařím oběd

luxuju pokoj

nakupuju jídlo

peru oblečení

A co včera? Nebo minulý týden?

Umyl/a jsi včera / minulý týden nádobí? _____

Vynesl/a jsi včera / minulý týden smetí? _____

Uklidil/a jsi včera / minulý týden byt? _____

Uvařil/a jsi včera / minulý týden oběd? _____

Vyluxoval/a jsi včera / minulý týden pokoj? _____

Nakoupil/a jsi včera / minulý týden jídlo? _____

Vypral/a jsi včera / minulý týden oblečení? _____

▲   myju: nádobí, okno, auto, dítě, psa + myju se
Nemyju nádobí, mám myčku!!!
peru: prádlo (oblečení)
Neperu prádlo v ruce *(hand wash)*, mám pračku!!!

■ **22. Choose the correct forms (Vyberte správné tvary):**

1. Už nemůžu čekat / počkat, musím jít!
2. Co budeš dělat / udělat zítra večer?
3. Budu muset tu práci dělat / udělat do příštího týdne!
4. Kdo pil / vypil moje pivo?
5. Psala / Napsala jsi celý úkol?
6. Včera jsem se celý den učila / naučila.
7. Učila / Naučila ses nová slovíčka?
8. O víkendu budu nakupovat / nakoupím.
9. Jaký dárek kupuješ / koupíš Hanně?
10. Ještě nevím. Juanovi jsem kupovala / koupila láhev vína.
11. Už nemáme čas! Budeš se ještě dlouho sprchovat / osprchovat?
12. Kdy zase přijíždí / přijede tvůj kamarád?
13. Už jsem si zvykal / zvykl na Prahu.
14. Zítra se vracíme / vrátíme pozdě.
15. Bral / vzal jsem si ještě kousek dortu.
16. Nemůžu si pamatovat / zapamatovat to české slovo!
17. Chci vám děkovat / poděkovat za všechno!
18. Můžu se vás na něco ptát / zeptat?
19. Chci ti něco ukazovat / ukázat.
20. Kdo platil / zaplatil oběd?
21. Jak dlouho ses připravoval / připravil na zkoušku?
22. Jak často voláš / zavoláš domů?
23. Vždy chodí včas, ale několikrát přicházel / přišel pozdě.
24. Několikrát jsem se šel dívat / podívat na film Pán prstenů.
25. Dostanu / dostávám několik mailů týdně.

■ **23. Answer the questions (Odpovězte na otázky):**

Zajímá mě = Jsem zvědavý/á:

Kolik jsi udělal/a chyb?

Mám jen jednu chybu!

Mám málo / několik / hodně chyb!

XY nemá ani jednu / žádnou chybu!

XY nemá žádnou chybu? To je fantastické! Gratuluju!
Klobouk dolů! Ať žije XY!

■ **24. Correct the text of SMS by adding diacritics, punctuation marks and capital letters (Opravte text SMS a přidejte diakritická a interpunkční znaménka a velká písmena):**

*á = délka, č = háček, ů = kroužek, **A** = velké písmeno, . = tečka,
, = čárka, ; = středník, – = pomlčka, ? = otazník, ! = vykřičník*

Hana píše:

> mila hanno jeste nevim
> jestli prijdu. s tetou na letisti.
> letadlo ma zpozdeni. jeste ti
> napisu. H.

_____
_____
_____
_____

Hanna odpovídá:

> hanicko moc me to mrzi.
> muzes prijit pozde. do rana
> urcite neskoncime! H.

_____
_____
_____

Honza píše:

> ahoj juane, dik za pozvani.
> neni mi nejak dobre. asi
> neprijdu. pozdravuj hannu.
> preju vsechno nejlepsi! Honza

_____
_____
_____
_____

Juan odpovídá:

> Honzo to je skoda! Nejsi
> nemocny? Cekame na tebe!
> Atmosfera je bezvadna!
> doufam ze jeste prijdes! Juan

_____
_____
_____
_____

■ **25. Try to guess who it is (Zkuste uhodnout, kdo to je):**

Narodil se v roce 1890. Žil v Praze. Byl spisovatelem a novinářem.
Napsal drama Bílá nemoc. Zemřel v roce 1938.
Kdo to je a co ještě napsal?

Narodil se v roce 1936. Žil v Praze. Byl dramatikem a prvním českým prezidentem (1993–2003). Je autorem divadelní hry Zahradní slavnost.
Kdo to je a co ještě napsal?

Narodil se v roce 1929. Je spisovatelem. Od roku 1975 žije v Paříži.
Napsal román Žert.
Kdo to je a co ještě napsal?

Narodil se v roce 1932. Je filmovým režisérem. Od roku 1968 žije v USA.
Natočil film Lásky jedné plavovlásky.
Kdo to je a co ještě natočil?

Narodil se v roce 1938. Je divadelním a filmovým režisérem, scénáristou a hercem.
Za film Ostře sledované vlaky podle novely Bohumila Hrabala získal Oskara.
Kdo to je a co ještě natočil?

Narodil se v roce 1914. Žil v Praze. Byl spisovatelem.
Napsal knihu Příliš hlučná samota. Zemřel v roce 1997.
Kdo to je a co ještě napsal?

Narodil se v roce 1841. Byl skladatelem. Tři roky byl ředitelem Národní konzervatoře hudby v New Yorku. Složil symfonii Z Nového světa.
Kdo to je a co ještě složil?

A	Jiří Menzel	a	Směšné lásky
B	Bohumil Hrabal	b	Audience
C	Antonín Dvořák	c	Amadeus
D	Milan Kundera	d	Ostře sledované vlaky
E	Václav Havel	e	Válka s Mloky*
F	Karel Čapek	f	Postřižiny
G	Miloš Forman	g	Slovanské tance

salamander

▲ spisovatel **píše** knihu a **napsal** knihy
režisér **točí** film a **natočil** filmy
skladatel **skládá** skladbu (symfonie...) a **složil** skladby

■ **26. Say what is true (Řekněte, co je pravda):**

Zvykl/a jsem si na + Acc.	=	Mám ve zvyku / Jsem zvyklý/á + INF.

Co máš ve zvyku / Na co jsi zvyklý/á?

vstávat pozdě	chodit pozdě
pít příliš moc piva	spát dlouho
dělat nepořádek	nic nedělat
jezdit rychle	hodně jíst
moc mluvit	hodně kouřit
chodit rychle	studovat v noci
číst v posteli	zpívat v koupelně
cvičit ráno	hlasitě poslouchat hudbu
hodně se smát	dívat se pořád na televizi
neposlouchat, když někdo na mě mluví	

■ **27. Answer (Odpovězte):**

Na co si nemůžete zvyknout?

Nemůžu si zvyknout na   české jídlo

pivo

knedlíky

špatné počasí

život na koleji

zimu

češtinu

nové kamarády a kamarádky

hodně věcí

To nevadí! To chce čas! Člověk si nakonec zvykne na všechno!

9 ZVYK JE ŽELEZNÁ KOŠILE
HABIT IS A SECOND NATURE

■ **28. Match (Spojte):**

Proč si nemůžeš zvyknout na pivo…?

Nemůžu si zvyknout na

pivo,	protože	neumí cizí jazyky a neusmívají se.
knedlíky,	protože	je tam moc lidí – je fronta.
češtinu,	protože	je hořké.
metro,	protože	je tam moc lidí – je tlačenice.
české jídlo,	protože	jsou bez chuti.
české pošty,	protože	má moc konsonantů.
české prodavačky,	protože	je tučné.

■ **29. Fill in the missing words (Doplňte chybějící slova):** ▶

Proč si nemůžeš zvyknout na život na koleji?
Co se ti nelíbí? = Co ti vadí?

Protože jsou _____ příliš malé, nemám dost místa na věci a v pokoji je _____ _____.

Protože je tam _____ místa, nemůžu pozvat na návštěvu hodně lidí a proto jsem smutný/a.

Protože výtah často _____, musím chodit do schodů pěšky a _____ _____ nohy.

Protože je tam příliš moc studentů a příliš málo koupelen, je tam vždy _____ a já se někdy nemůžu umýt.

Protože studenti často dělají v noci _____, nemůžu spát a potom jsem _____.

Protože nikdy není ticho a pořád je _____, já se nemůžu soustředit na práci a učitelé nejsou spokojení.

Protože tam není _____, nemůžu dělat dorty a mám na ně chuť!

Protože pořád někdo přichází a odchází, někoho hledá a něco chce, já jsem jako na nádraží a nemám žádné _____.

Proto si nemůžu na kolej zvyknout a ani si nechci zvykat! Budu hledat byt!
Protože chci mít pořádek, chci jíst dorty, chci zvát hodně lidí na návštěvy, chci být odpočatý, čistý, chci mít klid na práci, chci mít soukromí!

To je extrémní názor! Koleje jsou romantické! Můžeš tam potkat nové lidi, můžeš mluvit česky, můžeš chodit na mejdany, můžeš hodně jíst a pít a tancovat!!!

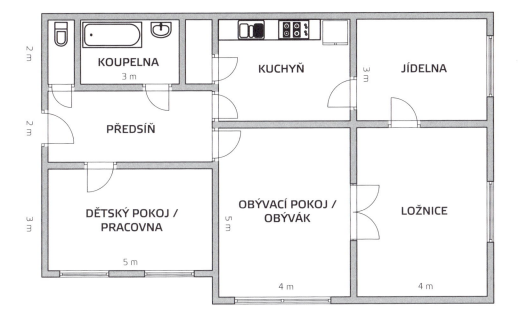

Hanna:	Juane, Juane, máme novou dobrou nabídku!
Juan:	Jakou nabídku?
Hanna:	Na byt! Je docela velký a není moc drahý. Tady mám plánek!
Juan:	Kolik stojí, jak je velký?
Hanna:	Je jen za 10 000 korun měsíčně. Bez plynu a elektřiny.
Juan:	Cože? To není málo. Budeme mít na první měsíc, a co potom?
Hanna:	No, budu hledat práci… Napíšu domů do Finska…, možná rodiče…
Juan:	No dobře. A jak je velký?
Hanna:	4+1. Hana mi řekla, co to znamená: čtyři pokoje a kuchyň, nebo čtyřpokojový byt.
Juan:	Prosím tě, na co potřebujeme čtyři pokoje? Chtěli jsme dva, to stačí…
Hanna:	No, za prvé není drahý. Za druhé, víš, že mám ráda velké byty, my jsme chtěli dvoupokojový byt, ale já, já jsem chtěla pětipokojový, a tady jsou aspoň čtyři pokoje!

Juan:	Panebože!
Hanna:	Podívej! Je tam dětský pokoj, děti nemáme, tak tam budeme mít pracovnu, tj. studovnu, tam se budeme učit, pak je ložnice, tam budeme spát, v obýváku se budeme dívat na televizi, a víš, jaké mejdany budeme mít v obýváku! Pro 20, 30 lidí! Potom je tam jídelna, je tam kuchyň, sice jen malá kuchyň, ale hlavně: je tam lednička, sporák a trouba, budu moct nejen vařit, ale také péct maso a dorty a je tam nádobí, nože, vidličky, lžíce … a … a …, je tam ústřední topení, je tam koupelna, sice malá, ale je tam vana, a ty máš rád vany, ty se nerad sprchuješ…
Juan:	No dobře, dobře. Je to opravdu ideální byt pro dva lidi! A je aspoň zařízený? Je tam nábytek?
Hanna:	Samozřejmě že není. Za málo peněz málo muziky! A to je dobře! Pojedeme do Ikey a koupíme si všechno, co budeme potřebovat.
Juan:	Ježíšmarjá, Hanno, my nic nemáme! Ty jsi nějak moc náročná…
Hanna:	Ale vůbec ne! Co potřebujeme? Nic zvláštního. Dvě postele, jeden stůl, několik židlí, polštáře místo křesel, nemusíme mít nic extra… A to stačí.
Juan:	Tak jo. A kde je ten byt?
Hanna:	Je trochu daleko od centra, to víš, za ty peníze… Ale spojení do centra je dobré a rychlé.
Juan:	Kdy se stěhujeme?
Hanna:	Hned!!!!

▲ za prvé – *in the first place*
za druhé – *in the second place*
Podívej! – *Look!*
tj. *(to jest)* – *that means*
sice…, ale… – *no doubt…, but*
Za málo peněz málo muziky = *for little money, little music, e.g. You get what you pay for.*
zvlášť × dohromady (platíme)
zvláštní ——— divný: To je zvláštní! To není nic zvláštního.
　　　　　　　　　– *It's strange! There's nothing strange about it!*
　　　　　　speciální: Nic zvláštního! – *Nothing special!*

?

Je to pravda, nebo ne?

Ano, je to tak. Je to pravda.   Ne, není to tak. Je to jinak. A jak?

Je to ten byt, který si přála Hanna?

Juan a Hanna nemají peníze na tak drahý byt.

V obýváku je televize.

V ložnici jsou dvě postele.

V koupelně je pračka.

Juan je moc rád, že je tam vana.

Hanna chce dělat mejdany pro celou fakultu.

Hanna si chce koupit židle, křesla, dva stoly, police na knížky a hifi věž.

Byt je blízko centra.

Juan je moc rád, že mají tak dobrou nabídku.

TY NAŠE HOLKY, TO JE HRŮZA! ☹ ☺ ▶

Juan:	Honzo, potřebuju pomoc!
Honza:	Já taky!
Juan:	Ty taky? Co se stalo?
Honza:	Nevíš náhodou, proč Hana nebyla u vás na oslavě?
Juan:	To opravdu nevím. Ale to je jedno. Nebyla a co! Není to nic vážného. Ale já mám problém.
Honza:	Není to jedno. Ona je taková divná. Jeden den mě má ráda, druhý den ne, asi si dělá ze mě legraci.
Juan:	Ne, ne, ne! Hanna si ze mě dělá legraci.
Honza:	Hahaha, Hanna?
Juan:	Ano, Hanna. Proč se směješ? To není nic směšného! Je náročná, nestačí jí dva pokoje, chce čtyřpokojový byt, já jsem jen student… Chudý student ze Španělska!
Honza:	Tvoje situace není tak vážná. Ty aspoň víš, co ona chce. Já nevím nic!
Juan:	Já taky nic nevím! Já nejsem bohatý, dnes je dvacátého a já už jsem bez peněz… Nevím, co si Hanna myslí. Ona je úplně mimo!
Honza:	Juane, víš co? Už toho mám dost! Jdeme do hospody na pivo, pak se podíváme na hokej, večer hraje Sparta a nebudeme na ně vůbec myslet!
Juan:	Dobrý nápad. Jdeme! Kašleme na ty holky!

		MOC	HODNĚ	MNOHO	DOST	PŘÍLIŠ
S	čas, pivo	času, piva				
	lidé, problémy	lidí, problémů				
V	mluvit	✓	✓	✓	✓	✓
	pracovat					
adj.	velký	✓	✓		✓	✓
	malý					
adv.	dobře	✓	✓		✓	✓
	špatně					

		MÁLO	TROCHU
S	práce, pivo	práce, piva	práce, piva
	banány, lidé	banánů, lidí	
V	spát	✓	✓
	studovat		

		SPOUSTA	NĚKOLIK	VELMI
S	čas, práce	času, práce		
	přátelé, peníze piva (mugs)	přátel, peněz	přátel piv	
V	mluvit			
	pracovat			
adj.	dobrý			✓
	špatný			
adv.	mnoho			✓
	málo			

ať	let	náročný, -á, -é	hard to please; demanding
aspoň, alespoň	at least	nemoc (f)	disease
bavit se (2)	to amuse, to enjoy	než	until; than
bohatý, -á, -é	rich	(ne)pořádek (m)	(dis)order
budka (f)	box; call-box	noha (f)	leg, foot
buď … anebo	either … or	nůž (m)	knife
Cože?	What? You what?!	obývací pokoj (m)	living-room
čistírna (f)	drycleaner's	obyvatel (m)	inhabitant
dětský pokoj (m)	nursery	odpočatý, -á -é	fresh, well-rested
divný, -á, -é	strange	odpovídat (1) /	to answer
domluvit se (p.) (2)	to reach an agreement	odpovědět (2) na + A.	
dramatik (m)	playwright	oslava (f)	celebration
elektřina (f)	electricity	ořech (m)	walnut
fronta (f)	queue, line	osud (m), osudy	fate, life story
hlasitě (adv.)	loudly	palác (m)	palace
hlučný, -á, -é	noisy	pár (m); (num.)	couple, several
hluk (m)	noise	péct / u-: peču (4) + A.	to roast, bake
hrůza (f)	horror	pečený, -á, -é	roasted, baked
chlapec (m)	boy	pekárna (f)	bakery
chlebíček (m)	open-faced sandwich	plánek (m)	scheme
chudák (m)	poor fellow	plavat (i.) (4)	to swim
chudý, -á, -é	poor	plyn (m)	gas
improvizovat (i.) (3)	to improvise	polštář (m)	pillow
inzerát (m)	advertisement	potkat (p.) (1) + A.	to meet by chance
ježíšmarjá (coll.)	Holy Christ	pozdravovat (i.) (3) + A.	to give one's regards
jídelna (f)	dining-room		
kabát (m)	coat	pozvání (n)	invitation
kachna (f)	duck	pracovna (f)	study (room)
klid (m)	calm, quiet, silence	pračka (f)	washing machine
konzervatoř (f)	conservatory	prát / vyprat: peru (4) + A.	to wash
košile (f)	shirt		
koupelna (f)	bathroom, lavatory	prázdný, -á, -é	empty
krabice (f)	box	projít se (p.) (4)	to have a walk
kuchyň (f)	kitchen	průchod (m)	passage
kytice (f)	bunch	pryč	away; out
lednice, lednička (f)	refrigerator	předsíň (f)	entrance hall
ložnice (f)	bed-room	představa (f)	idea, image
luxovat / vy- (3)	to vacuum-clean	přestat (p.) (4):	to stop, finish
lžíce (f)	spoon	přestanu + Inf.	with sth.
místnost (f)	room	příliš	too much
místo (prep. + Gen.)	instead of	přitom	at the same time
myčka (f)	dishwasher	režisér, -ka	(stage) director
nabídka (f)	propose, offer	rozvrh (m)	schedule
nábytek (m)	furniture	rybník -a (m)	pond

různý, -á, -é	various, different	vidlička (f)	fork
samota (f)	solitude	východ (m)	east; exit
síň (f)	hall	vynášet (2) /	to take away,
skládat (1) /	to compose	vynést (4) + A.	throw
složit (2) + A.		západ (m)	west; sunset
skladatel, -ka	composer	zařízený, -á, -é (byt)	furnished (flat)
skromný, -á, -é	modest	zastávka (f)	tram/bus stop
slavnost (f)	festivity, party	zbýt (p.) (4): zbude/	be left over,
smát se (i.) (4)	to laugh	zbyde	remain out
směšný, -á, -é	funny; ridiculous	zemřít (p.) (4)	to die
smetí (n)	rubbish, litter	získat (p.) (1)	to gain, obtain
snažit se (i.) (2) o + A.	to make an effort	zpoždění (n)	delay
soukromí (n)	privacy	zvláštní	special; strange
soustředit se (p.) (2)	to concentrate	zvyk (m)	habit
na + A.		zvyklý, -ý, -é	accustomed
spíš	rather	železný, -á, -é	iron
spojení (n)	connection		
sporák (m)	stove	**FRÁZE:**	**PHRASES:**
spousta (adv.)	plenty, a lot of	být mimo (coll.)	to be out of it
správný, -á, -é	right	kašlat na něco/	not to care a bit for
správně (adv.)	right	někoho (coll.)	sth./sb., to stuff
stát (m)	state, nation	ústřední topení (n)	central heating
stěhovat se /	to move		
pře- se (3)		Ať žije!	Long live!
strana (f)	side; page; party	Co se stalo?	What happened?
široký, -á, -é	broad	Klobouk dolů!	Hat off!
ticho (n); (adv.)	silence, quiet,	Kolik umíš jazyků,	You are as many
	silent	tolikrát jsi člověk.	times a person as
tlačenice (f)	press, hustle		many languages
točit / na- (2) + A.	to shoot, make		you speak.
	a film	Mám toho dost!	I have enough of it!
trouba (f)	oven	Nic zvláštního!	Nothing special!
třešně (f pl.)	cherries	Panebože!	Oh my God!
tučný, -á, -é	fatty, greasy	To mě baví!	I enjoy it!
usmívat se (i.) (1)	to smile	To jsou věci!	That's something!
úzký, -á, -é	narrow	Zvyk je železná	Old habits die hard.
vana (f)	bath	košile.	Habit is a second
vážný, -á, -é	serious		nature.

LEKCE
LESSON **10**

KDE BYLI NAKONEC JUAN A HANNA? ▶

Je pátek odpoledne a Juan **po** škol**e** čeká na Hannu **v** kavárn**ě v** Celetn**é** ulic**i**. Přemýšlí **o** příšt**ím** víkend**u**. Bude dlouhý, protože další pondělí je svátek. Proto chce **s** Hann**ou** mluvit **o** výlet**ě**. A Hanna už je tady! Juan **při** čaj**i** začíná mluvit **o tom**, co ho napadlo.

Juan:	Už jsi myslela na příští víkend? Chtěl bych **s tebou** jet na nějaký velký výlet! Co si **o tom** myslíš?
Hanna:	To je perfektní nápad! Ale napřed musíme nakoupit jídlo, **před** mejdan**em** byla lednice plná a teď je úplně prázdná… A já mám hrozný hlad.
Juan:	Už je pozdě. Najíme se **v** nějak**é** restaurac**i** cestou domů.
Hanna:	Další skvělý nápad! A kam pojedeme? A **čím**?
Juan:	To závisí **na penězích**, na počasí a **na tobě**!
Hanna:	Toužím **po** slunc**i** a **po** tepl**u**. Chci jet na jih! A ty?
Juan:	**V** zim**ě** já nemůžu na sever, je mi zima. Mně se stýská **po** moř**i**, chci se **v něm** koupat, ležet **na** pláž**i** a opalovat se, ale teď **na jaře** chci na sever!
Hanna:	Samozřejmě! Jestli řeknu, že chci na východ, tak ty řekneš, že chceš na západ!
Juan:	To není pravda! Záleží mi **na** tv**é** radost**i** a spokojenost**i**! Víš, co? Podívám se na nabídku levných letenek **na** internet**u** a potom se **na něčem** domluvíme, ano?
Hanna:	Dobře, takže pojedeme letadl**em**?
Juan:	Určitě poletíme! Autobus**em** nebo vlak**em** můžeme cestovat **po** Česk**é republice**. Nemáme moc času, když chceš jet daleko na jih.
	…
	Co myslíte, kde nakonec byli Juan a Hanna?

» | (time prep.) | (place prep.) |
|---|---|
| **na** jaře | **na** ulici |
| **v** zimě | **v** Celetné ulici |
| **po** škole | **po** České republice |

▲ mám nápad → napadlo mě
cestou domů – *on the way home*
let – *flight*; odlet – *departure*; přílet – *arrival*
letět → letím = jedu letadlem → poletím = pojedu letadlem

▲ letadlo – *plane*; letiště – *airport*; letenka – *plane ticket*; letec – *pilot*; letuška – *flight attendant*

▲ **příští × další**:

příští týden, zastávka *(next week, stop)* × další týden, nápad, pivo *(the following week, another / one more idea, beer)*

■ 1. Say (Řekněte):

Co je pravda?

1. Juan chce jet na výlet autobusem nebo vlakem po České republice.
2. Hanna chce zůstat doma.
3. Juan touží po slunci.
4. Oba dva chtějí jet letadlem.
5. Juanovi záleží na názoru Hanny.
6. Pojedou na výlet tento týden.
7. Hanna má ráda teplo.
8. Juanovi se stýská po moři.
9. V zimě Juan rád cestuje na hory.
10. Na výlet pojedou s cestovní kanceláří.

■ 2. Write a short itinerary for Hanna and Juan for a three day trip (Napište krátký plán na cestu pro Hannu a Juana na tři dny):

	RÁNO	V POLEDNE	ODPOLEDNE	VEČER	V NOCI
první den					
druhý den					
třetí den					

hard	CO?	KDE?	
Mi.	hrad, st**ů**l	na hrad**ě***, na sto**le**	**+** -e/-ě
F -a	škola	ve ško**le**	-a → -e/-ě
N -o	město	ve měst**ě**	-o → -e/-ě

	*	-dě	* na hra**dě**, ve tří**dě**, na zápa**dě**	-E/-Ě
		-tě	na koncer**tě**, na fakul**tě**, ve měs**tě**	
		-ně	v Berlí**ně**, na ok**ně**, v ki**ně**	
		-bě	na chod**bě**	
		-pě	na ma**pě**	
		-mě	v do**mě**	
		-vě	v ká**vě**, na ostro**vě**	
F (M, N)	r → ř	-ře	na kated**ře**, v klášte**ře***, na ja**ře**, v pat**ře**	
F (M)	k → c	-ce	v taš**ce**, v ban**ce**, v ro**ce**, v jazy**ce***	
F	h, g → z	-ze	v Pra**ze**, v ml**ze**, v Ri**ze**	
F (N)	ch → š	-še	ve spr**še**, v bři**še**	

hard	KDO?	O KOM?	
Ma.	kamarád, Pave**l** Tomáš	o kamárad**ovi**, o Pavl**ovi** o Tomáš**ovi**	-OVI
	pan prezident	o pan**u** prezident**ovi**	-U/-OVI

» ** Mi. Loc. -ře/-ce/-vě – Gen. -a:*
do klášter**a** – v klášte**ře**, učebnice jazyk**a** – v jazy**ce** / o jazyk**u**,
kolem ostrov**a** – na ostro**vě** / o ostrov**u**, kolem svět**a** – ve svě**tě**

» *Ma. -a:* kolega Honz**a** – o koleg**ovi** Honz**ovi**

▲ mám hlad: kručí mi v bři**še** (krrrrrrrrrrrrrrrrrrrrrr)

hard	CO?	KDE / KDY? / O ČEM?	
Mi. **-k** **-r** **-h, -ch** **-v** *cizí slova* *měsíce*	vlak, park, jazyk sever jih, roh stav, ústav kontakt, film, hotel, bar internet, snowboard Madrid, Brusel leden, únor	ve vlak**u**, v park**u**, o jazyk**u** na sever**u** na jih**u**, na roh**u** v stav**u**, v ústav**u** v kontakt**u**, ve film**u**, v hotel**u**, v bar**u** na internet**u**, na snowboard**u** v Madrid**u**, v Brusel**u** v ledn**u**, v únor**u**	**-U**
N **-ko** **-cho, -go** **-vo** **-um** *cizí slova*	Německo sucho, Kongo ministerstvo centrum, muzeum metro	v Německ**u** v such**u**, v Kong**u** na ministerstv**u** v centr**u**, v muze**u** v metr**u**	
soft	CO?	KDE? / O KOM?	
Mi., Ma.	pokoj, muž, učitel	v pokoj**i**, o muž**i**, o učitel**i**	**-I**
F	restaurace, kolej, věž	v restaurac**i**, na kolej**i**, na věž**i**	
N	letiště	na letišt**i**	
	nádraží	na nádraží	

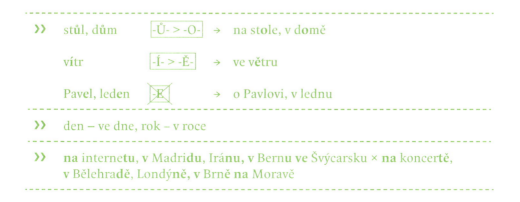

>> stůl, dům   -Ů- > -O- → na st**o**le, v d**o**mě

    vítr   -Í- > -Ě- → ve v**ě**tru

    Pav**e**l, led**e**n   ✗E → o Pavlovi, v lednu

>> den – ve dne, rok – v roce

>> **na** internetu, **v** Madridu, Iránu, **v** Bernu ve Švýcarsku × **na** koncertě,
   v Bělehradě, Londýně, **v** Brně **na** Moravě

M + N	**TEN, TO**	ten film, to pivo	o **tom** dobr**ém** filmu	**TOM**
	-Ý, -É	dobrý, dobré	o **tom** dobr**ém** pivu	→ **-ÉM**
	-Í	cizí	ciz**ím**	→ **-ÍM**
F	**TA**	ta hudba	o t**é** hudbě	→ **TÉ**
	-Á	dobrá	dobr**é**	→ **-É**
	cizí	cizí	cizí	**-Í**

>> můj, tvůj → dobrý + jaký, který   →   *(hard adjectives declension)*
    má, tvá → dobrá + jaká, která   →   *(hard adjectives declension)*
    náš, naše; váš, vaše + moje, tvoje   →   *(special pronoun declension)*
    její → moderní   →   *(soft adjectives declension)*
    jeden → ten

	Nom. sg. – To je:		*Loc. sg.* – Záleží mi na:	
	M + N	**F**	**M + N**	**F**
já	můj kluk	moje / má sestra	m**ém** klukovi	mo**jí** / mé sestře
ty	tvůj přítel	tvoje / tvá přítelkyně	tv**ém** příteli	tvo**jí** / tvé přítelkyni
ona	její štěstí	její kamarádka	jej**ím** štěstí	její kamarádce
my	náš učitel	naše učitelka	naš**em** učiteli	naš**í** učitelce
vy	váš názor	vaše nálada	vaš**em** názoru	vaš**í** náladě

>> *The locative case is used **only after prepositions!***

Mluvit, myslet si, přemýšlet, vědět:

O – *about*	O kom mluvíte? Co si o tom myslíte? Přemýšlím o tom filmu. Co o tom víte?

KDE?

V – *in*	☐ ●	ve stole, v ruce; v Praze
NA – *on*	☐ ●	na stole, na ruce; na univerzitě

KDY?

PO – *after* **V** – *in* **NA** – *in* **O** – *during, at* **PŘI** – *during*	Po obědě půjdu na procházku. → **potom** – *after that* ! V létě jezdím k moři, v zimě na hory. Pracuje ve dne v noci. Na jaře budu chodit na tenis. O víkendu a o přestávce mám volno. Chodím spát o půlnoci. Při práci si zpívá. → **přitom** – *at the same time* !

KUDY?

PO – *across, around*	Cestuju po České republice a po Evropě. Turisti chodí po městě.

verba

domlouvat se, domluvit se na něčem:
  – *to reach an agreement*
pochybovat o někom/něčem – *to doubt sth.:*
přemýšlet o někom/něčem
  – *to think about, consider sth:*
stýská se mi po něčem/někom – *I miss sth.:*
toužit po něčem/někom – *to long for sth.:*
záležet na něčem/někom – *to depend on sth.*[1]*:*
záleží mi na tom – *I care about sth.:*
záviset na něčem/někom – *to depend on*[2]*:*
	Domluvili se na schůzce ve čtvrtek.
	
	Já o tom nepochybuju!
	Přemýšlím o tom filmu.
	
	Juanovi se stýská po moři.
	Hanna touží po novém bytě.
	Záleží jen na vás.
	Záleží mi na testu.
	Moje nálada závisí na počasí.

[1] Na tom nezáleží! – *It doesn't matter!*
[2] Závisí = je závislý/á na rodičích! – *He/she is dependent on his/her parents!*

→ KAM?		○ KDE?		← ODKUD?
místo – *place*	cíl – *goal*	místo cíl		
DO + Gen.	**NA CO?**	**V** + Loc.	**NA ČEM?**	**Z** + Gen.
NA + Acc.		**NA** + Loc.		
DO restaurace NA fakultu	NA oběd NA přednášku	V restauraci NA fakultě	NA obědě NA přednášce	Z restaurace Z oběda Z fakulty Z přednášky

>> *To learn where to use the prepositions **DO + Gen.** or **NA + Acc.** after verbs of motion (question **KAM?**), or where to use **V + Loc.** or **NA + Loc.** to express being somewhere (question **KDE?**), see Lesson 5!*

		KDY?		
V + Acc.	*days*	v pondělí, ve čtvrtek ve středu, v sobotu, v neděli v úterý, v pátek		
V + Loc.	*months* *year*	1 v lednu 2 v únoru 3 v březnu 4 v dubnu 5 v květnu 6 v červnu	7 v červenci 8 v srpnu 9 v září 10 v říjnu 11 v listopadu 12 v prosinci	v roce 2014 (dva tisíce čtrnáct) / v lednu roku 2014

■ **3. Answer the questions (Odpovězte na otázky):**

Kam šli / jeli Juan a Hanna?   *Kde* byli?

ŠLI **DO** →● + Gen.			BYLI Ⓥ + Loc.	
Šli do	(škola)	_____	Byli v / ve	_____
	(kavárna)	_____		_____
	(cukrárna)	_____		_____
	(opera)	_____		_____
	(klub)	_____		_____
	(park)	_____		_____
	(bar)	_____		_____
	(supermarket)	_____		_____
	(kino)	_____		_____
	(divadlo)	_____		_____
	(fitness centrum)	_____		_____
	(restaurace)	_____		_____
Jeli do	(Madrid)	_____		_____
	(Brusel)	_____		_____
	(Londýn)	_____		_____
	(Berlín)	_____		_____
	(Írán)	_____		_____
	(Barcelona)	_____		_____
	(Amerika)	_____		_____
	(Vídeň)	_____		_____
	(Paříž)	_____		_____
	(Budapešť)	_____		_____
	(Itálie)	_____		_____
	(Oslo)	_____		_____
	(Dánsko)	_____		_____

ŠLI **NA** —●→ + Acc.			BYLI **NA** —●— + Loc.	
Šli na	(koncert)	_____	Byli na	_____
	(oběd)	_____		_____
	(káva)	_____		_____
	(procházka)	_____		_____
	(fakulta)	_____		_____
	(pošta)	_____		_____

		Jeli na		Byli na	
	(kolej)		_____		_____
	(nádraží)		_____		_____
Jeli na	(výlet)		_____	Byli na	_____
	(západ Evropy)		_____		_____
	(sever)		_____		_____
	(jih)		_____		_____
	(východ)		_____		_____
	(Island)		_____		_____
	(Ukrajina)		_____		_____
	(Malorka)		_____		_____
	(Kréta)		_____		_____
	! (domů)		_____		_____

■ 4. Respond to the questions. Work in pairs (Odpovězte na otázky. Pracujte ve dvojicích):

Kde jsi byl(a) / nebyl(a)?

skvělý mejdan	_____	italská ambasáda	_____
hlavní nádraží	_____	Václavské náměstí	_____
pražské letiště	_____	Jižní Amerika	_____
kolej Hvězda	_____	Národní galerie	_____
velká večeře	_____	Malá Strana	_____
španělská pláž	_____	Stavovské divadlo	_____
Český Krumlov	_____	klub Radost	_____

■ 5. Complete the sentences (Doplňte věty):

Kde jsi byl/a?	V … jsem byl/a	v / na
V (leden roku 2001)	_____	v / na _____.
V (březen roku 2003)	_____	_____.
V (září minulého roku)	_____	_____.
V (rok 2002)	_____	_____.
V (červenec)	_____	_____.
Po (seminář)	_____	_____.
Po (snídaně)	_____	_____.
Po (oběd)	_____	_____.
O (přestávka)	_____	_____.
O (víkend)	_____	_____.

■ **6. Put into the locative case and choose one of the verbs available (Dejte do lokálu a vyberte vhodné verbum):**

Při / Po

zajímavá lekce	_____	spím / jím párek v rohlíku
nudná oslava	_____	mám hlad / mám nové nápady
dlouhá cesta	_____	tancuju / mám špatnou náladu
vegetariánská večeře	_____	zpívám / mám hlad
těžké studium	_____	poslouchám / relaxuju
dobrý koncert	_____	jím / jsem unavený/á

■ **7. Fill in the prepositions (Doplňte prepozice):**

Můžeš kouřit ___ přestávce. Stockholm je ___ severu Evropy. Mluvil jenom ___ poli-
tice. ___ nudném filmu spal. Záleží mi ____ tvém názoru. ____ březnu budou prázdniny.
Co budeš dělat ___ víkendu? ___ čem přemýšlíš? Jeho nálada závisí ___ slunci.
Taky toužíš ___ velkém bytě? Stýská se Hanně ___ rodině?
A po čem/kom se stýská vám?

■ **8. Answer the questions (Odpovězte na otázky):**

Kde jste byl/a minulý víkend? _____

Na čem závisí vaše výlety? _____

Kde jste byl/a v České republice? _____

Kde jste byl/a v Evropě? _____

A kde ve světě? _____

Ve kterých evropských metropolích (hlavních městech) jste byl/a?
_____

■ **9. Put the underlined words into the locative case (Dejte podtržená slova do lokálu):**

Večer jsme šli do kina na Čokoládu. Koupili jsme si lístky do desáté řady.
Večer jsme byli _____ _____. Seděli jsme _____.
Minulý týden jsme jeli na dovolenou do Rakouska. Napřed jsme jeli do Vídně, a potom
do Salcburku a Lince.
Minulý týden jsme byli _____ _____. Napřed jsme byli _____,
a potom _____ _____.
Ve středu jsme šli na stadion Sparta na fotbal.
Ve středu jsme byli _____ _____.
V pátek jsem šel do klubu na koncert. V pátek jsem byl _____ _____.

■ **10. Discuss your opinions. Work in pairs
(Diskutujte o svých názorech. Pracujte ve dvojicích):**

Co si myslíš o   Hanna a Juan   _____?
   Evropská unie   _____?
   Michael Douglas   _____?
   české jídlo   _____?
   prezident Klaus   _____?
   metalová hudba   _____?
   britská monarchie   _____?
   film „Kill Bill"   _____?
   česká kultura   _____?
   Martina Navrátilová   _____?
   globalizace   _____?
   terorismus   _____?
   čeština   _____?
   globální oteplování   _____?

Myslím si, že _____
Nic si o tom nemyslím.
Nic o tom nevím. Je to pro mě španělská vesnice!

■ **11. Answer the questions (Odpovězte na otázky):**

Záleží mi na vaší dobré češtině. Na čem/kom záleží vám?

Záleží mi na   moje rodina   _____
   bratr a sestra   _____
   poslední test   _____
   moje přítelkyně   _____
   tvoje radost   _____
   moje studium   _____
   mír ve světě   _____
   dědeček a babička   _____
   můj přítel   _____
   zdraví přátel   _____
   dobrý byt   _____
   ta zkouška   _____
   vy   _____
   nic   _____

OSOBNÍ ZÁJMENA V LOKÁLU
PERSONAL PRONOUNS IN THE LOCATIVE 10

já	ty	on	ona	my	vy	oni
o mně	o tobě	o **něm**	o **ní**	o nás	o vás	o **nich**

» myslet na + Acc. – *to think of* × myslet si o + Loc. – *to think about*

▲ Má mě rád. Myslí **na mě**. Myslí si **o mně**, že jsem fajn.
Mají nás rádi. Myslí na nás. Myslí si o nás, že jsme v pohodě.
Mají vás rádi. Myslí na vás. Myslí si o vás, že jste super.
Mluví o ní bez ní / o nás bez nás / o vás bez vás / o nich bez nich!

■ **12. Put the pronouns in brackets into the locative case (Dejte zájmena v závorkách do lokálu):**

Co si o (on) _____ myslíš?
Oni půjdou první, my půjdeme až po (oni) _____.
Proč jsi na ni tak ošklivý, záleží ti vůbec na (ona) _____?
Stýská se mi po (ona) _____.
Včera jsme mluvili o (ty) _____.
Mluvili jste taky o (já) _____?
Máme ve (vy) _____ dobrého přítele.
Po (co) _____ toužíš?
Na (co) _____ ti záleží?
Na (kdo) _____ ti záleží?

■ **13. Fill in the prepositions (Doplňte prepozice):**

Stýská se mi ____ nich. Záleží mi ____ názoru mých kamarádů. Byl jsem ____ Austrálii
a ____ Novém Zélandě. _____ létě pojedu poprvé do Ameriky. Ty jsi ještě nebyl
____ Americe? Hledám levnou letenku ____ internetu. Umíš jezdit ____ kole?
____ kterém patře bydlíš? _____ ovoci není dobře pít vodu. ____ které řadě jste seděli
____ kině? Kam půjdeme ____ přednášce? Co si myslíš ____ Juanovi? Honza byl
____ šoku. Jaké je počasí ____ Finsku ____ zimě? Jaké je počasí _____ Španělsku
____ létě? Dám si párek ____ rohlíku. Příští rok ____ jaře budeme cestovat ____ Evropě.
Budeme ____ sedmém nebi.

14. Answer the questions (Odpovězte na otázky):

Které státy jsou na jihu Evropy?

_____

Byli jste v jižní Evropě?

_____

Kde?

_____

Které státy jsou na severu Evropy?

_____

Byli jste v severní Evropě?

_____

Kde?

_____

Které státy jsou na východě Evropy?

_____

Byli jste ve východní Evropě?

_____

Kde?

_____

Které státy jsou na západě Evropy?

_____

Byli jste v západní Evropě?

_____

Kde?

_____

Které státy jsou ve střední Evropě?

_____

	KDY?
JARO	**NA** JAŘE
LÉTO	**V** LÉTĚ
PODZIM	**NA** PODZIM!
ZIMA	**V** ZIMĚ

Kdy začíná jaro?
Kdy končí zima?

JAK JE VENKU?	JAKÝ JE DEN?	KOLIK JE STUPŇŮ? JAKÁ JE VENKU TEPLOTA?
ADV.	*ADJ.*	
Je zima.	Je studený / chladný den.	Je kolem nuly.
Je mráz.	Je mrazivý den.	Je pod nulou.
Je teplo.	Je teplý den.	Je 10 stupňů v zimě, 20 stupňů v létě.
Je horko.	Je horký den.	Je 25 stupňů.
Je vedro.	Je moc horký den.	Je 30 stupňů.
Je dusno.	Je dusný den.	Je vedro a bude pršet.

▲ zima: Je zima. Je mi zima. (Brrrrrrrrrrr.)

zima: V zimě je zima. Nemám rád zimu!

	JAKÉ JE POČASÍ? /JAK JE VENKU?	**JAKÝ JE DEN?**
	Slunce svítí / Je sluníčko / Je slunečno. Je jasno. Je krásně / pěkně.	Je slunečný den. Je krásný / pěkný den.
	Je polojasno.	
	Je zataženo / oblačno / zamračeno. Je ošklivo.	Je oblačný den. Je ošklivý den.
	Je deštivo / prší.	Je deštivý den.
	Blýská se + hřmí = Je bouřka.	
	Fouká vítr / Je větrno.	Je větrný den.
	Sněží / Je sníh.	
	Klouže to / Je náledí.	

Závisí tvoje nálada na počasí?
Ano. Když je hezky, usmívám se ☺, když je zamračeno, mračím se ☹.

■ **15. Respond (Odpovězte):**

Jaké je obvykle počasí v České republice

v létě? _____

v zimě? _____

na jaře? _____

na podzim? _____

Jaké je počasí u vás? _____

■ **16. Answer the questions (Odpovězte na otázky):**

Jaké roční období máš rád/a? Jaké počasí máš rád/a?

Proč máš rád/a jaro…?

Mám / Nemám rád/a JARO,

         protože **NA JAŘE** _____

Mám / Nemám rád/a LÉTO,

         protože **V LÉTĚ** _____

Mám / Nemám rád/a PODZIM,

         protože **NA PODZIM** _____

Mám / Nemám rád/a ZIM**U**,

         protože **V ZIMĚ** _____

Kam chceš jet?

Chci jet NA SEVER Evropy.

Proč? – Protože _____ je krásná a opravdová zima.

Chci jet NA JIH Evropy.

Proč? – Protože _____ je teplo a slunečno.

Chci jet NA VÝCHOD Evropy.

Proč? – Protože jsem _____ ještě nebyl/a.

Chci jet NA ZÁPAD Evropy.

Proč? – Protože jsem _____ ještě nebyl/a.

PŘEDPOVĚĎ POČASÍ / WEATHER FORECAST

Zítra a pozítří bude polojasno až oblačno, místy sněžení. Mírný jihozápadní vítr
3 až 7 m/s (metrů za sekundu). Denní teploty 4 až 8 stupňů, noční kolem nuly.

Kde a kdy může být podobná předpověď počasí?
Jaké bude zítra počasí? Jaká je předpověď?
Předpověď je špatná!
Ale oni nic nevědí! Musí být hezky! Zítra jedeme na výlet!

▲   vědět → **po**vědět → **odpo**vědět → **předpo**vědět
        věda → povídka → odpověď → předpověď

	KDO, CO?	S KÝM? (S) ČÍM? KDE?	
M h. + s.	kamarád, přítel, autobus	s kamarád**em**, přítel**em** autobus**em**	**-EM**
N h.+ s. **-UM**	metro, vejce muzeum	metr**em**, s vejc**em** před muze**em**	
-Í	počasí	s počas**ím**	**-ÍM**
F	kamarádka	s kamarádk**ou**	**-OU**
	přítelkyně, tramvaj	s přítelkyn**í**, tramvaj**í**	**-Í**

	TEN, TO	ten vlak, to metro	t**ím** rychl**ým** vlakem	**TÍM**
M + N	**-Ý, -É**	rychlý, rychlé	t**ím** rychl**ým** metrem	→ **-ÝM**
	-Í	moderní	modern**ím**	→ **-ÍM**
F	**TA**	ta	t**ou**	→ **TOU**
	-Á	rychlá tramvaj	rychl**ou** tramvají	→ **-OU**
	moderní	moderní	moderní	**-Í**

	Nom. sg. – To je:		*Instr. sg. – Mluví s:*	
	M + N	*F*	*M + N*	*F*
já	můj kluk	moje / má holka	m**ým** klukem	moj**í** / mou holkou
ty	tvůj bratr	tvoje / tvá sestra	tv**ým** bratrem	tvoj**í** / tvou sestrou
ona	její kamarád	její kamarádka	jej**ím** kamarádem	jej**í** kamarádkou
my	náš učitel	naše učitelka	naš**ím** učitelem	naš**í** učitelkou
vy	váš soused	vaše sousedka	vaš**ím** sousedem	vaš**í** sousedkou

S KÝM / ČÍM?

Mluvím s Honzou. Piju kávu s cukrem.

ČÍM? / JAK?

Jezdím metrem. Píšu tužkou. Myju se studenou vodou. Platím kartou.

KDY?

PŘED – *before, ago* **MEZI** – *between*	Přijdu před polednem. Byl jsem tady před rokem. → **předtím** – *before that*, **především** – *first of all* Budu tady mezi druhou a třetí hodinou. → **mezitím** – *in the meantime*

KDE?

NAD – *above* **POD** – *below* **PŘED** – *in front of* **ZA** – *behind* **MEZI** – *between*	Nad městem je smog. Znáš zámek Hluboká nad Vltavou? Nebudu bydlet pod mostem. Pod obchodem jsou garáže. Sejdeme se před divadlem. Bydlím za rohem. Za muzeem je park. Mezi stolem a postelí je křeslo.

KUDY?

Instrumentál	Kde je pošta? – Jděte tou ulicí, Kaprovou ulicí… Zahněte první ulicí doleva, druhou ulicí doprava…

Verba

být někým/něčím – *to be sbd., sth. (professionally)*:	Je učitelem. Je herečkou.
být překvapený něčím – *to be surprised by*: **být spokojený + s** – *to be satisfied with*:	Jsem překvapená krásou Prahy. Jsi spokojený s pobytem v Praze? Je Hanna spokojená s bydlením na koleji?
být známý něčím – *to be well known for*:	Česko je známé pivem a hokejem.
počítat s někým/něčím – *to count on sbd./sth.*: **scházet se, sejít se + s** – *to meet*:	Počítám s vámi. Scházíme se často. Sejdu se s rodinou na Vánoce.
setkávat se, setkat se + s – *to meet*: **seznamovat se, seznámit se + s** – *to get acquainted with*:	Včera jsem se setkal s kamarádem. Ráda se seznamuju. Kde se Juan seznámil s Hannou?
souhlasit s někým/něčím – *to agree with*: **stát se někým** – *to become sbd.*:	Nesouhlasím s vaším názorem. Chce se stát manažerem.

■ **17. Choose the correct possibility (Vyberte správnou možnost):**

Při cestě		potřebuju	
vlak	_____	lístek	_____
autobus	_____	místenka	_____
tramvaj	_____	letenka	_____
metro	_____	opencard	_____
loď	_____	jízdenka	_____
auto	_____	lístek	_____
letadlo	_____	peníze	_____
taxík	_____	štěstí	_____
autostop	_____	benzín	_____

▲ při cestě, práci = když cestuju, pracuju

■ **18. Put into the instrumental case (Dejte do instrumentálu):**

Čím rád/a jezdíš? Čím nerad/a jezdíš?

Rád/a / Nerad/a jezdím:
pomalý vlak _____
auto rodičů _____
prázdný autobus _____
levné letadlo _____
plná tramvaj _____
pražské metro _____
velká loď _____
pražský taxík _____
!stopem! _____
Proč?

■ **19. Match (Spojte):**

Piju / Jím
    káva _____   s / se marmeláda _____
    čaj   slanina _____
    whisky   kola _____
    víno   džus _____

campari	šlehačka _____
guláš	salám _____ a sýr _____
maso	brambor _____ a brokolice _____
dort	knedlík _____
vejce	led _____
pizza _____	citron _____ a med _____
chleba	cukr _____
párek	mléko _____
šunka _____	sodovka _____
džus _____	hořčice _____ a křen _____

■ **20. Put into the instrumental case (Dejte do instrumentálu):**

Kde se sejdeme?

Sejdeme se PŘED	pokladna kina „Evald"	_____
	filozofická fakulta	_____
	Národní muzeum	_____
	nové letiště	_____
	hlavní pošta	_____
	pražský orloj	_____
	Národní knihovna	_____
	barokní palác	_____
	Národní galerie	_____
	Jindřišská věž	_____
	hospoda „U sv. Tomáše"	_____
	pivnice „U Černého vola"	_____
	stanice metra „Můstek"	_____
	zahraniční oddělení	_____
	hlavní budova fakulty	_____

■ **21. Fill in the prepositions and correct forms of nouns**
(Doplňte prepozice a správné tvary substantiv):

Byl/a jsi v Ústí _____ Labem, v Kolín__ _____ Rýnem*, ve Frankfurt__ _____ Mohanem*?
Pojedu do Benátky___ _____ Jizerou, do Veselí _____ Moravou, do Hluboká__ _____ Vltavou.

* Kolín nad Rýnem – Köln am Rhein; Mohan – Main

■ **22. Respond (Odpovězte):**

Čím jsi chtěl/a být, když jsi byl/a malý/á?

pilot, kosmonaut, učitel, herec, spisovatel, malíř, prezident, lékař
letuška, učitelka, modelka, spisovatelka, lékařka…

Když jsem byl malý, chtěl jsem být _____

_____

Když jsem byla malá, chtěla jsem být _____

_____

Čím chceš být teď?

■ **23. Match and respond (Spojte a odpovězte):**

Čím je známá Praha?	Rudé __ náměstí __, Kreml __
Čím je známá Moskva?	visutý __ most __
Čím je známý Řím?	socha __ svobody
Čím je známý Brusel?	Romeo __ a Julie __
Čím je známá Paříž?	šikmá __ věž __
Čím je známý New York?	Evropský __ parlament __
Čím je známé San Francisco?	Staroměstské __ náměstí __, pivo __
Čím je známý Londýn?	Koloseum __
Čím je známá Verona?	Eiffelova __ věž __, Vítězný __ oblouk __
Čím je známá Pisa?	Buckinghamský __ palác __

Čím je známý Leonardo da Vinci?	(obraz __) / Guernica __
Čím je známý Picasso?	(román __) / Žert __
Čím je známý Kundera?	(román __) / Dobrý __ voják __ Švejk __
Čím je známý Hašek?	(opera __) / Aida __
Čím je známý Verdi?	(obraz __) / Mona Lisa __

■ **24. Respond (Odpovězte):**

Kdy se Václav Havel stal prezident____? Stal se prezident____ v r. _____.

Kdy se Václav Klaus stal prezident____? Stal se prezident____ v r. _____.

Kdy se Miloš Zeman stal prezident____? Stal se prezident____ v r. _____.

(1989, 2003, 2013)

já	ty	on/ono	ona	my	vy	oni
se mnou	s tebou	s ním	s ní	s námi	s vámi	s nimi

■ **25. Put the personal pronouns in brackets into the instrumental case (Dejte osobní zájmena v závorkách do instrumentálu):**

Mluvil jsi s (on) _____?

Nemluvil jsem s (on) _____, ale byl jsem u ní a mluvil jsem s (ona) _____.

Jdu do kina. Chceš jít s (já) _____?

S (ty) _____ vždy a všude s radostí!

Co si myslíte o panu prezidentovi?

Před (vy) _____ nemám žádné tajemství, no, mezi (my) _____, nemyslím si o něm nic dobrého.

Souhlasím s (vy) _____.

■ **26. Put the words in brackets into the instrumental case and then replace each word with the appropriate personal pronoun (Dejte slova v závorkách do instrumentálu a pak je nahraďte osobními zájmeny):**

Jsem spokojený s (pobyt) _____ v Praze. / s (on) _____.

Bohužel není spokojená s (ubytování) _____. / s (ono) _____.

Nejsem spokojený se (situace) _____ ve světě. / s (ona) _____.

Je velmi spokojený s (můj překlad) _____ _____. / s (já) _____.

Jsme spokojení s (tvoje práce) _____ _____. / s (ty) _____.

Nesouhlasím s (jejich názor) _____ _____. / s (oni) _____.

Souhlasím s (váš návrh) _____ _____. / s (vy) _____.

Souhlasím s (ta odpověď) _____ _____. / s (to) _____.

■ **27. Respond (Odpovězte):**

Jaký je rozdíl mezi západ___ a východ___, sever___ a jih___, den_____ a noc___, město___ a venkov___, já_____ a ty_____, Hana___ a Honza___, Juan___ a Hanna___?

Mezi tím je obrovský rozdíl!
To je jako nebe a dudy!

V CESTOVNÍ KANCELÁŘI ▶

Juan:	Máme katalog vaší cestovní kanceláře. Máme několik otázek.
Úřednice:	Všechny naše zájezdy jsou v katalogu.
Juan:	Ale my nerozumíme, co znamená PP, PoP, BS.
Úřednice:	To jsou zkratky: plná penze (snídaně, oběd, večeře), polopenze (snídaně a večeře), bez stravy.
Juan:	Co to je?
Úřednice:	Žádné jídlo.
Juan:	Máme zájem o nějaký levný zájezd.
Úřednice:	Kam chcete jet? Na jak dlouho?
Juan:	Na tři, čtyři dny. Nevíme kam. Třeba do Berlína nebo do Říma, do Vídně nebo do Budapešti…
Úřednice:	Máme bohatou velikonoční nabídku do hlavních evropských měst. Do Vídně a do Berlína můžete jet přímo naším luxusním autobusem, do ostatních měst máme přímé lety. Ubytování je všude v luxusním hotelu. Máme dvoulůžkové a třílůžkové pokoje.
Juan:	Prosím vás, kolik stojí třídenní zájezd do Říma?
Úřednice:	Pro jednoho 9999 korun. V ceně je také pojištění. A vstupenky. Letištní poplatek musíte zaplatit zvlášť na letišti. Můžete platit v hotovosti nebo platební kartou.
Juan:	Děkujeme. Ještě si to rozmyslíme.

Hanna a Juan strávili večer nad katalogem. Počítali a počítali. Na účtu v bance neměli moc peněz. Všechno bylo moc drahé. Nakonec se rozhodli, že s cestovní kanceláří nepojedou. To je nuda. Nestojí to za to! Ve srovnání s organizovaným zájezdem je cestování na vlastní pěst pravým dobrodružstvím!

▲   cestovat přímo: mít přímé spojení = bez přestupu
byt → **byd**let → **ubyt**ovat se → **ubyt**ování
lůžko *(bed)*: jednolůžkový, dvoulůžkový, třílůžkový pokoj
den: jednodenní, dvoudenní, třídenní zájezd
Velikonoce: velikonoční nabídka
letiště: letištní poplatek, platba *(payment)*: platební karta
jistý → Jsem si **jistý** → po**jistit** se → mít po**jištění** → zdravotní
                                           ↘ cestovní

Nestojí to za to! – *It isn't worth…!*
ve srovnání s + Instr. – *in comparison with*

HANNA A JUAN KONEČNĚ JEDOU

Hanna a Juan teď bydlí v České republice, kde je počasí teď _____ Pro Hannu jsou Čechy a Morava na _____, ale pro Juana moc na _____. Na výlet jedou po velké diskusi do Budapešti, ta je na _____ a taky trochu na _____ od Prahy. Juan opravdu našel na _____ levné _____ od jedné _____ kanceláře pro studenty. Jedna _____ letenka stála 3200 Kč. Nechtěli jet _____, protože je to nebezpečné. Hanna rezervovala _____ v jednom penzionu na tři _____. Ani Hanna, ani Juan nemluví _____, a tak koupili _____, kde jsou taky nějaké maďarské fráze. Hanna nezapomněla _____, protože se bojí, že bude pršet. Juan má v _____ plavky, těší se na budapešťské _____! Je jich tam hodně, jsou na každém kroku. Šťastnou _____!

>> Kde? – na jihu; na severu × na jih/sever od Prahy!

■ **28. Respond (Odpovězte):**

Rádi cestujete? Proč?
_____

Rádi cestujete s kamarády nebo sami?
_____

Kam rádi cestujete?
_____

Cestujete s cestovní kanceláří?
_____

Jaký je váš názor na cestovní kanceláře?
_____

Rádi cestujete na vlastní pěst? Proč?
_____

Jakou máte zkušenost s cestováním na vlastní pěst?
_____

■ **29. Choose what you would need for your trip from the items below (Vyberte z následujících věcí, co budete potřebovat na cestě):**

foťák   peníze   průvodce   zubní pasta
pas   letenka   stan   léky   ručník   spací pytel (spacák)
   řidičský průkaz (řidičák)   sluneční brýle   plavky
   sportovní boty   vývrtka   deštník batoh   čepice

HANA A HONZA ZASE KONEČNĚ SPOLU MLUVÍ ▶

Honza:	Hanko, nechceš jít se mnou zítra večer do kina na Nudu v Brně?
Hana:	Kde dávají ten film?
Honza:	V centru už neměli lístky, můžeme jet do Hostivaře.
Hana:	Jak tam pojedeme?
Honza:	Jezdí tam dvaadvacítka. Buď pojedeme tramvají, nebo áčkem na konečnou a pak nějakým autobusem.
Hana:	Tak fajn. Doufám jen, že to nebude nuda v kině.
Honza:	Určitě ne. Je to dobrý film. Všechno je pod kontrolou.
Hana:	To jsem ráda! A jak skončil hokej?
Honza:	Pro mě špatně, pro Juana dobře. Slávia vyhrála nad Spartou.
Hana:	Sparta prohrála se Slávií! Upřímnou soustrast!
Honza:	Díky. A jen tak mimochodem, už jsi přemýšlela o cestě do Finska nebo do Španělska? Víš, že je to skvělá možnost?
Hana:	Tak to je všechno, co zatím vím. Ještě jsem s tím nepočítala.
Honza:	A co zítra to kino?
Hana:	To platí!

METRO

trasa A – áčko	→	pojedeme áčk**em**
trasa B – béčko	→	pojedeme béčk**em**
trasa C – céčko	→	pojedeme céčk**em**

TRAMVAJ (+ známky ve škole atd.)

1 – jedn**ička**	5 – pět**ka**	9 – **devítka**
2 – **dvojka**	6 – šest**ka**	10 – **desítka**
3 – **trojka**	7 – sedm**ička**	
4 – **čtyřka**	8 – osm**ička**	

11 – jedenáct**ka**	20 – **dvacítka**	30 – **třicítka**
12 – dvanáct**ka**	21 – jedn**a**dvacítka	
13 – třináct**ka**	22 – dva**a**dvacítka	
14 – čtrnáct**ka**	23 – tři**a**dvacítka	
15 – patnáct**ka**	24 – čtyři**a**dvacítka	
16 – šestnáct**ka**	25 – pět**a**dvacítka	
17 – sedmnáct**ka**	26 – šest**a**dvacítka	
18 – osmnáct**ka**	27 – sedm**a**dvacítka	
19 – devatenáct**ka**	28 – osm**a**dvacítka	
	29 – devět**a**dvacítka	

■ **30. Respond (Odpovězte):**

Co dávají / co běží (v kině) v   Aero   _____?

   Lucerna   _____?

   Slovanský dům   _____?

   Hostivař   _____?

   Mat   _____?

   Hvězda   _____?

Co tam jezdí?

Do kina Aero jezdí tramvaj číslo 9   _____

     tramvaj číslo 10   _____

     tramvaj číslo 16   _____

Do Hostivaře jezdí   tramvaj číslo 22   _____

     tramvaj číslo 26   _____

Jezdí tam také metro (trasa A) _____. Na konečné stanici musíte přestoupit na autobus číslo 154.

Jak / čím pojedeme?

Do kina Lucerna pojedeme metro __ (trasa B) _____

   a vystoupíme na stanice __ Můstek.

Do kina Aero pojedeme   tramvaj __ č. 9   _____

     tramvaj __ č. 10   _____

     tramvaj __ č. 16   _____

   a vystoupíme na zastávka _____ Biskupcova.

Do kina Mat pojedeme tramvaj __ číslo 3 _____

   a vystoupíme na zastávka _____ Karlovo náměstí.

Do kina Hostivař pojedeme tramvaj __ 22 _____

     tramvaj __ 26 _____

   a vystoupíme na zastávka _____ Na Groši.

▲   Co běží / dávají / hrají v kině? = Jaký je program? – *What is on / is showing?*

až	even; up to, till	mrazivý, -á, -é	freezing
batoh (m)	rucksack	najít (p.) (4) + A.	to find
benzín (m)	petrol	nálada (f)	mood
(ne)bezpečný, -á, -é	(dangerous); safe	náledí (n)	icy roads
běžet (i.) (2)	to run, hurry	napřed (adv.)	in front; first
blýskat se (i.) (1)	to flash (lightning); shine	obrovský, -á, -é	huge
břicho (n)	belly	oddělení (n)	department, section
budova (f)	building	odpověď (f)	answer
bydlení (n)	habitation	opalovat se (i.) (3)	to sunbathe
Čechy (f pl.)	Bohemia	opravdový, -á, -é	real, true
čepice (f)	cap	ostatní	the others; the rest
deštník (m)	umbrella	ostrov, -a (m)	island
diskuse (f)	discussion	ošklivý, -á, -é	ugly; bad, nasty
dlouhý, -á, -é	long	oteplování (n)	warming
dobrodružství (n)	adventure	pas (m)	passport
dovolená (f)	holiday, vacation	pěst (f)	fist
dudy (f pl.)	bagpipe	pivnice (f)	beerhouse
dusno (n); (adv.)	sultry	pláž (f)	beach
dusný, -á, -é	sultry, sweltering	plavky (f pl.)	swimwear
foťák (m) (coll.)	camera	plný, -á, -é	full
foukat (i.) (1)	to blow	pobyt (m)	stay
hřmět (i.) (2)	to thunder	počítat (i.) (1)	to count
chodba (f)	corridor	podzim (m)	autumn
jasno (adv.)	clear sky	pojistit se (p.) (2)	take a policy
jaro (n)	spring	pojištění (n)	insurance
jih (m)	south	poplatek (m)	charge, duty
katedra (f)	department	povědět (p.) (2) + A.	to tell, say
klouzat (4)	to glide, slip	povídka (f)	story
konečná (stanice) (f)	terminal station	pravý, -á, -é	real, true, right
koupat se (i.) (4)	to bathe	prohrávat (1) / prohrát (4) + A. s I.	to lose
krok (m)	step	předpověď (f)	forecast, prediction
křen (m)	horseradish	překlad (m)	translation
lék (m)	drug, medicine	přímo	directly
ležet (i.) (2)	to lie, be lying	přímý, -á, -é	direct, straight
malíř (m), -ka (f)	painter	radost (f)	joy
med (m)	honey	relaxovat (3)	to relax
mimochodem	by the way	rozhodnout se (p.) (4) pro + A.	to decide
mír (m)	peace	rozmyslet si (p.) (2) + A.	to think over
mírný, -á, -é	mild, soft, gentle		
místenka (f)	seat reservation	ručník (m)	towel
místy	here and there	ruka (f)	hand, arm
mlha (f)	fog	řidičský průkaz (m), řidičák (m) (coll.)	driving licence
možnost (f)	possibility		
mračit se (i.)	to frown	sever (m)	north
mráz (m)	frost		

schůzka (f)	appointment, meeting
skvělý, -á, -é	splendid
slanina (f)	bacon
sněžení (n)	snowing
sněžit (2)	to snow
socha (f)	statue
spací pytel (m), spacák (m) (coll.)	sleeping bag
spokojenost (f)	satisfaction
sprcha (f)	shower
srovnání (n)	comparison
stan (m)	tent
stav (m)	state, condition
strava (f)	food
střední	medium, middle
stupeň (m)	degree
sucho (n); (adv.)	dry
šok (m)	shock
účet (m)	account
ústav (m)	institute
vedro (n)	heat
venkov (m)	countryside
vesnice, ves (f)	village
visutý most (m)	suspension bridge
vítěz (m)	victor, winner
vítr (m)	wind
vstupenka (f)	ticket
vůl, vola (m)	bullock, blockhead

vyhrávat (1) / vyhrát (4) + A. nad I.	to win
vývrtka (f)	bottle screw
zahraniční (adj.)	foreign
zájezd (m)	package tour
závislý, -á, é na + Loc.	be dependent on
zkratka (f)	abbreviation
zkušenost (f)	experience

FRÁZE: — **PHRASES:**

být v pohodě	to be cool
být v sedmém nebi	be in the seventh heaven
být ve stavu (udělat něco)	to be in a position (to do sth.)
být v jiném stavu	to be pregnant
na každém kroku	wherever you go
na vlastní pěst	on one's own
platit v hotovosti	to pay in cash
platit kartou	to pay by a card
Je to pro mě španělská vesnice.	It's all Greek to me.
Je to nebe a dudy.	It's as different as chalk and cheese.
Platí!	It's a deal!
Stojí to za to!	It pays off! It's worth it!
Upřímnou soustrast!	Please accept my condolences!

HONZOVA RODINA ▶

Honza:	Hanko, **naši** vás pozvali k nám na návštěvu!
Hana:	To má být vtip nebo co?
Honza:	Ale vůbec ne! Říkali, že spolu chodíme už skoro dva roky a ještě neznají tvoji rodinu.
Hana:	Moje rodina… To není nic zajímavého… A co tvoje rodina? Jaká je?
Honza:	Moje rodina… No, moje rodina je docela srandovní. Asi je to tím, že je velká. Můj táta se jmenuje Jirka. Je inženýr. Podniká, má malou stavební firmu. Pořád má moc práce. Od rána do večera. Skoro vůbec ho nevidím. Neustále opakuje: „Nevím, co dřív." Já vlastně nevím, proč tolik dělá. Možná že práce je jeho koníček. Aspoň doufám. Když jsme spolu, taky se bavíme o práci, občas o sportu. Má rád dobré jídlo a chodí rád na ryby. Nikdo neví proč, protože ryby nejí ani na Vánoce.
	Moje maminka se jmenuje Anna. Učí angličtinu a francouzštinu na jazykové škole. Dřív taky trochu překládala, ale teď se hlavně stará o děti mojí starší sestry Kateřiny. Má ráda hudbu a často chodí na koncerty. Máma půjde brzo do penze. Doma pořád uklízí a strašně se zlobí, když je nepořádek. Celou rodinu vlastně tak trochu terorizuje. „Co dělají ty boty v předsíni, když mají být v botníku, proč je ten svetr na židli, když má být ve skříni, jak to, že jsou ponožky u postele a ne v pračce…" a tak dále. No, dokážeš si to přestavit. Jinak je moc fajn, jen je často ve stresu.
	Moje starší sestra Katka už má dvě děti. Vdala se před třemi roky. To byl tenkrát skandál v rodině, to jsi měla vidět, všichni byli v šoku: co řeknou **tety**, co řeknou **strejdové**, co **sousedi**… Katka se totiž musela po maturitě vdát a rodiče si mysleli, že bude studovat. Teď jsou **všichni rádi**: Davídek a Janička jsou **miláčkové** celé rodiny. Její muž Robert je ekonom. Pracuje v jedné zahraniční bance.
	Můj nejstarší bratr…
Hana:	Jak to tvůj nejstarší bratr? Snad starší…
Honza:	Mhm, oba **moji bratři** jsou v pohodě…
Hana:	Cože! Ty máš dva bratry?
Honza:	No, Mirka znáš, ten je nejstarší, žije v Německu, pracuje jako počítačový expert… Je ještě svobodný…
Hana:	To já vím. Ale říkal jsi **bratři**!
Honza:	Ano, mám ještě jednoho bratra, Pavla. To je můj starší bratr. O pět minut.
Hana:	O pět minut starší? To není možné! Nikdy jsi mi to neřekl! Jste úplně **stejní**?

Honza:	Podobáme se jako vejce vejci.
Hana:	No, počkej, počkej… Určitě neznám tvého staršího bratra? Teď si nemůžu být jistá.
Honza:	Buď klidná, opravdu ho neznáš! Když jsme byli **malí**, někdy jsme si z toho dělali legraci… On byl já, já jsem byl on. Pavel ale teď nebydlí v Praze, studuje na Masarykově univerzitě v Brně. Chce být novinářem. Má přítelkyni Alenu, studuje medicínu.
Hana:	A proč jsi mi o Pavlovi nikdy nic neřekl?
Honza:	To mělo být překvapení.
Hana:	To tedy bylo. Ty ale máš smysl pro humor! Kdy ho uvidím? Zajímá mě, jestli já poznám, kdo je kdo.
Honza:	Asi ano, protože mě dobře znáš. Pavel má dioptrii, ale nenosí brýle, takže trochu víc mrká než já…
Hana:	A máš ještě prarodiče?
Honza:	**Všichni** prarodiče už bohužel zemřeli.

▲ naši – *my parents;* k nám – *to our place*
chodit spolu – *to go out with sbd.; to date sb.*
je to tím, že – *that's because;* Čím to je? – *Where does that come from? Why is that?*
nevím, co dřív – *I don't know where to start;* dřív – *before, earlier*
stará se o + Acc. – *she takes care of*
starší – nejstarší bratr/sestra; mladší – nejmladší: O kolik je starší?
a tak dále – *and so on*
muset se vdát → čekat dítě/miminko → být v jiném stavu
dokážeš si to představit – *you can imagine it*
miláček; miláčkové rodiny – *sweetheart, love; favorite children*
jsou v pohodě – *they are cool*
podobáme se jako vejce vejci – *be as similar as two eggs, e.g. be alike as two peas*
počkej! – *wait a moment!*
poznat – *to recognise*
nemůžu si být jistá – *I can't be sure*
buď klidná – *be quiet*
víc než já – *more than me*

▲ stavět dům, postavit dům – *to build, construct;* stavba → stavební firma, inženýr
představit někoho – *to introduce:* Chci tě představit naší rodině.
představit **se** – *to introduce oneself:* Můžu se představit? Jsem Honza.
! představit **si** – *to imagine:* Neumíš si to představit!

■ **1. Respond (Odpovězte):**

Je Honzova rodina malá, nebo velká?

_____

Kolik má členů?

_____

Kdo pořád pracuje?

_____

Má tatínek nějakého koníčka?

_____

Kdo půjde brzo do penze?

_____

Má maminka nějakého koníčka?

_____

Co dělá nejstarší bratr?

_____

Jak se jmenujou děti Honzovy sestry?

_____

Jak dlouho je Kateřina vdaná?

_____

Co byl skandál v rodině?

_____

Proč se Kateřina musela vdát?

_____

Co Hana nevěděla o Honzově rodině?

_____

Bylo to velké překvapení?

_____

Je si Hana jistá, že nezná Pavla?

_____

Jak Hana pozná, kdo je kdo?

_____

▲ vzít si × vzít se = mít svatbu

» čekat **na** dítě: čekat, že přijde ze školy, domů…
    čekat dítě: čekat, že přijde na svět (narodí se)

HONZOVA RODINA A PŘÍBUZNÍ

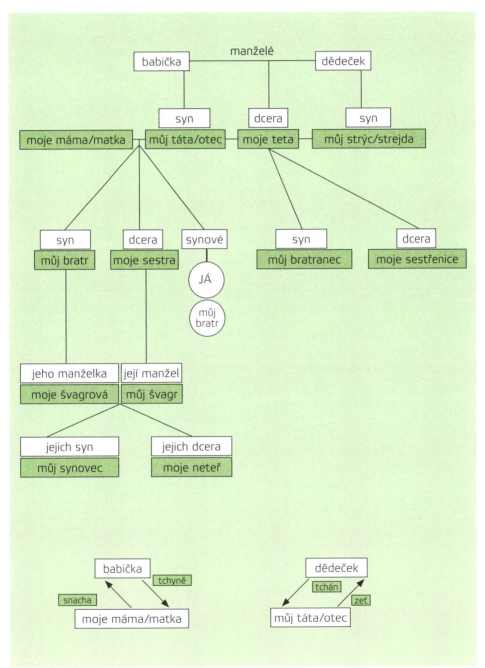

11 RODINA A PŘÍBUZNÍ
FAMILY AND RELATIVES

■ **2. Fill in the missing words (Doplňte chybějící slova):**

*rodiče, bratr, sestra, sourozenec – sourozenci, prarodiče, vnuk, vnučka,
dvojče – dvojčata, příbuzní*

Matka a otec (maminka a tatínek) jsou moji _____.

Jejich syn je můj _____, jejich dcera je moje _____.

Bratr a sestra jsou moji _____.

Maminka už nemá rodiče, já už tedy nemám _____.

Teď jsem jen syn a bratr, ale byl jsem i _____.

Když žili prarodiče, moje sestra byla jejich _____.

Mám bratra staršího o pět minut. To je moje _____.

My jsme _____.

Moje tety, strýcové, bratranci, sestřenice a jejich děti jsou moji _____.

*ženatý, vdaná, svobodný, svobodná, bezdětná, rozvedený, rozvedená, vdovec,
vdova, v důchodu, v domácnosti*

Muž, který má manželku (ženu), je _____.

Žena, která má manžela (muže), je _____.

Muž, který ještě nemá manželku, je _____.

Žena, která ještě nemá manžela, je _____.

Žena, která nemá děti, je _____.

Muž, který už nemá manželku, je _____.

Žena, která už nemá manžela, je _____.

Muž, kterému zemřela manželka, je _____.

Žena, které zemřel manžel, je _____.

Starší muž nebo žena, kteří už nepracujou, jsou _____.

Žena, která nechodí do práce, stará se o domácnost, je _____.

KOLO ŠTĚSTÍ SE TOČÍ

jednou jsi nahoře

svobodný
svobodná
ženatý
vdaná
rozvedený
rozvedená

jednou jsi dole

Nom. sg. Ma. h. + s.		*Nom. pl. Ma.*		
ten	muž	**ti** muži		
mla**dý**	sous**ed**	mla**dí** sous**edi**	-di	
tlus**tý**	studen**t**	tlus**tí** studen**ti**	-ti	
lí**ný**	pá**n**	lí**ní** pá**ni**	-ni	**+ -I**
ja**ký**	klu**k**	ja**cí** klu**ci**	-k → c	
dra**hý**	pstru**h**	dra**zí** pstru**zi**	-h → z	
ti**chý**	Če**ch**	ti**ší** Če**ši**	-ch → š	
kte**rý**	brat**r**	kte**ří** brat**ři**	-r → ř	
-an	obča**n**	obča**né/-i**		
	Američa**n**	Američa**né/-i**	**+ -É / -I**	
	Angliča**n**	Angliča**né/-i**		
-ista	turista	turist**é/-i**		
-(t)el	uči**tel**	uči**telé**		
	Špa**něl**	Špa**nělé**	**+ -É**	
	obyva**tel**	obyva**telé**		
krátká slova	pán	pán**ové**		
	syn	syn**ové**		
	strýc	strýc**ové**		
	ot**ec**	otc**ové**		
+	Ital	Ital**ové**		
	Ir	Ir**ové**		**+ -OVÉ**
profese	filolog	filolog**ové**		
(cizí základ)	filozof	filozof**ové**		
	ekonom	ekonom**ové**		
-a	koleg**a**	koleg**ové**		
	předseda	předsed**ové**		

>> otec, cizinec, pes, lev ⊠ **otcové, cizinci, psi, lvi**

! lidi, přátelé, rodiče

každý člověk → **všichni lidi** (lidé *lit.*)

! ten malý dobrý inteligentní kluk → **ti malí dobří inteligentní kluci**

můj, tvůj, náš, váš otec
+ ⇄ **moji, tvoji, naši, vaši rodiče**
moje, tvoje, naše, vaše matka

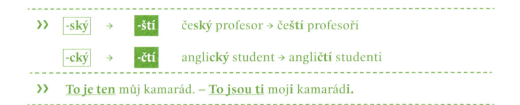

» | -ský | → | -ští | český profesor → čeští profesoři

| -cký | → | -čtí | anglický student → angličtí studenti

» **To je ten** můj kamarád. – **To jsou ti** moji kamarádi.

■ **3. Put into the nominative plural (Dejte do nominativu plurálu):**

Tady je můj mladý kamarád. _____

Tam je jeden tlustý student. _____

Tam je ten líný slon. _____

Je to dobrý doktor? _____

Který doktor je dobrý? _____

Juan je hezký kluk. Juan a Jan _____

Na koleji nebydlí žádný tichý Čech. _____

To je moc drahý pstruh. _____

Můj kamarád je přátelský. _____

Tvůj přítel je sympatický. _____

Jaký kluk se ti líbí? _____

Nemusí být pohledný, ale musí být chytrý. _____

To je ten náš nový soused. _____

To je můj milý bratr. _____

Tam je náš proděkan. _____

Je tady někde dobrý inženýr? _____

To je můj německý kolega. _____

Tady je náš český lektor. _____

Tam je známý český zpěvák a herec. _____

Je to tvůj dobrý kamarád? _____

Líbí se mi váš učitel. _____

Ten nový mladý politik není špatný. _____

■ **4. Choose the correct statement (Vyberte správné tvrzení):**
   What is your family like? (Jaká je vaše rodina?)

Nemám žádné sourozence. Jsem jedináček.
Mám jednu sestru. Mám jednoho bratra.
Mám starší/mladší sestru. Mám staršího/mladšího bratra.
Mám dva/dvě, tři, čtyři starší/mladší bratry a sestry.
Mám pět … starších/mladších bratrů a sester.

■ **5. Answer the questions (Odpovězte na otázky):**

Kolik máte strýců? _____

Kolik máte tet? _____

Máte bratrance a sestřenice? _____

Co dělají vaši sourozenci? _____

Co dělají vaši rodiče? _____

Žijou ještě vaši prarodiče? _____

Už jste tetou nebo strýcem? _____

Máte hodně příbuzných? _____

Kde žijou vaši příbuzní? _____

Schází se vaše rodina často? _____

Při jakých příležitostech se scházíte? _____

Kolik je vás, když se sejdete všichni? _____

■ **Write something about your family (Napište něco o své rodině):**

Moje rodina

_____
_____
_____
_____
_____
_____
_____
_____
_____

■ 6. Put the nouns into the nominative plural (Dejte substantiva do nominativu pl.):

Kdo studuje na FF UK (Filozofické fakultě Univerzity Karlovy) v Praze?
Na filozofické fakultě studujou domácí a zahraniční studenti:

Čech	_____
Slovák	_____
Polák	_____
Francouz	_____
Japonec	_____
Korejec	_____
Fin	_____
Rus	_____
Nor	_____
Dán	_____
Ital	_____
Angličan	_____
Američan	_____
Číňan	_____
Španěl	_____

■ 7. Respond (Odpovězte):

Kdo studuje ve vaší třídě?
V naší třídě studujou _____

Kdo bydlí na koleji?
Na naší koleji bydlí _____

Kdo je v Evropské unii?
V Evropské unii jsou _____

Kdo v roce 2004 vstoupil do EU?
V roce 2004 do EU vstoupili _____

Kdo v roce 2007 a 2013 vstoupil do EU? _____

Kdo ještě není v EU?
V EU ještě nejsou _____

Kdo není v EU? _____

■ 8. Match the workplaces with the professions (Spojte pracoviště s povoláním):

Kdo kde pracuje?

v nemocnici		prodavači a prodavačky
v bance		policisté a policistky
na úřadě		právníci a právničky
ve škole		profesoři a profesorky
na policii		lékaři a lékařky
na fakultě		učitelé a učitelky
v obchodě	PRACUJOU	manažeři a manažerky
ve firmě		úředníci a úřednice
v restauraci		číšníci a číšnice
u soudu		redaktoři a redaktorky
na velvyslanectví		soudci a soudkyně
v rádiu		diplomaté a diplomatky

■ 9. Respond (Odpovězte):

Honza studuje španělštinu. Čím určitě Honza nebude?

_____

Čím může být?

_____

Honza nemá rád velké firmy, obchod, malé platy a kravaty.

Proč Honza nechce být učitelem?

_____

Proč Honza nechce být manažerem?

_____

Proč Honza nemůže pracovat na velvyslanectví?

_____

Ahoj! Jmenuju se Hanka. Už se známe. Mám mluvit o rodině?
Moc se mi nechce, skoro žádnou nemám. Nemám sourozence, rodiče se rozvedli, když jsem byla malá. Žila jsem s matkou, otce vidím jen málokdy. Je podruhé ženatý, jeho novou rodinu vůbec neznám. Vím jenom, že mám jednoho nevlastního bratra a dvě nevlastní sestry. Bohužel je neznám.
Jsem společenská, mám hodně přátel. Je to moc fajn. Mám dvě opravdu dobré kamarádky: Janu a Kláru. Známe se už od základní školy. Často si voláme. Když máme čas, jdeme spolu do kina, na kávu a tak. Když máme problémy, pomáháme si. Říkáme si opravdu všechno. Nemáme žádná tajemství. Když je všechno v pořádku, máme radost.
Mám dobré známé taky z univerzity. Je to opravdu skvělá parta. Jezdíme každou zimu na hory, někdy děláme na chatě párty, často se navštěvujeme. V naší partě jsme nejen my, Češi, ale taky cizinci. Na Karlově univerzitě studuje hodně zahraničních studentů. Nejvíc se kamarádím s Hannou a Juanem. Jsou moc prima. V létě nebo v zimě pojedeme s Honzou do Finska nebo do Španělska. Věřím, že naše přátelství nikdy neskončí.

▲ nechce se mi = nemám chuť – *I don't feel like (doing) somtehing*
nevlastní bratr, sestra – ***step-brother, step-sister***
znát × známe **se** – *we know **each other***
volat × voláme **si** – *we call **each other***
pomáhat × pomáháme **si** – *we help **each other***
říkat × říkáme **si** – *we tell **each other***
navštěvovat × navštěvujeme **se** – *we visit **each other***
nejvíc – *most of all*
kamarád → kamarádit se s+Instr. – *to be friends, associate with a p.*

! známý spisovatel × můj známý
příbuzný jazyk × můj příbuzný

■ **10. Make questions to the text (Tvořte otázky k textu):**

_____
_____
_____
_____
_____

Nom. pl. Mi. F N = **Acc. pl.** Mi. F N

To jsou + Mám banány, počítače, knihy, věci (děti), auta, vejce
(moje / tvoje / naše / vaše; dobré, kvalitní)

Acc. pl. Ma. = **Acc. pl.** Mi.

Mám bratry = banány a bratrance = počítače

! **Nom. pl. Ma.** To jsou bratři a bratranci.
(moji / tvoji / naši / vaši; dobří, kvalitní)

■ **11. Put into the accusative plural (Dejte do akuzativu plurálu):**

To jsou moji	kamarádi a kamarádky.
Mám dobré	_____
To jsou moji	bratři a sestry.
Znáš moje	_____
To jsou mladí	Američané a Američanky.
Vidíš mladé	_____
Tam jsou	Češi a Češky.
Neznám ty	_____
Tam jsou	kluci a holky.
Neznám ty	_____
To jsou jeho	profesoři a profesorky.
Má nové	_____
Tam jsou naši	sousedi a sousedky.
Máme hrozné	_____
Zpívají čeští	zpěváci a zpěvačky.
Posloucháme české	_____
Byli tam čeští	spisovatelé a spisovatelky.
Ještě nečteme české	_____
Nelíbí se mi noví	manažeři a manažerky.
Nemám zájem o	_____
To jsou moji	bratranci a sestřenice.
Mám milé	_____
To jsou naši	přátelé a přítelkyně.
Znáš naše	_____

>> **Ma. soft** | Acc. sg. = Acc. pl. |

Mám jednoho bratrance. – Mám dva bratrance.
Znám jednoho českého herce. – Znám dva české herce.
Máme dobrého učitele. – Máme dobré učitele.
Znám jednoho Francouze. – Znám dva Francouze.
Mají přísného ředitele. – Mají přísné ředitele.

			Nom. sg.: To je…	Nom. pl.: To jsou…		Acc. pl.: Znám…
M	každý	člověk	všich**ni**	li**di**		všechny
		den	všechny	dny, minuty, ženy		
F	každá	minuta, žena				
N	každé	ráno, auto	všechna	rána, auta		všechna

>> každý, -á, -é (sg.) → dobrý + jaký, který *(hard adjectives declension)*
   všichni, všechny, všechna (pl.) → ti, ty, ta *(special pronoun declension)*

>> všechen (M sg.), vše(chno) (N sg.) → co
   všechna (F sg.) → čí

*You will not come across these forms very often, with the exception of **všechno/vše**.
They are quite formal and are used only with abstract nouns: všechen čas, všechna
pomoc. In everyday language people usually use **celý** (the whole) instead.*

■ 12. Respond to the questions (Odpovězte na otázky):

Jsou všichni studenti dobří?	Ne! Někteří jsou, někteří nejsou.
Jsou všechny studentky dobré?	Ne! Některé jsou, některé nejsou.

Jsou všechny rodiny stejné? _____

Jsou všechny knihy a filmy zajímavé? _____

Jsou všechna jídla a pití dobrá?   _____

Jsou všichni prezidenti dobří?   _____

Říkají všichni politici pravdu?   _____

Umějí všichni zpěváci a všechny zpěvačky zpívat?   _____

Umějí všichni herci a všechny herečky hrát?   _____

Umějí všichni fotbalisté hrát fotbal?   _____

■ **13. Fill in** *každý, -á, -é* **or** *všichni, všechny, všechna* **in the appropriate case and gender (Doplňte** *každý…* **nebo** *všichni…* **ve správném pádě a rodě):**

Mám školu _____ den.

_____ minutu myslí na něho.

_____ ráno pospíchá.

_____ šťastné rodiny jsou stejné, _____ nešťastná rodina je nešťastná jinak.

_____ nová auta jsou rychlá.

Zná tady úplně *(M sg.)* _____ a s *(M sg.)* _____ se baví.

Hraju tenis _____ středu a sobotu.

Není to žádná novinka! To už _____ vědí.

Viděl jsi _____ filmy od Miloše Formana?

Znáš _____ Mozartovy opery?

Znáš _____ svoje příbuzné?

Žijou _____ jeho příbuzní v Anglii?

Ochutnal/a jsi _____ česká jídla?

Pil/a jsi _____ španělská vína?

Co říkal Juan?

_____ možné. Například:

_____ začátek je těžký.

_____ rada je dobrá.

Není zlato _____, co se třpytí. *(glitters)*

_____ cesty vedou do Říma.

Jeden za _____, _____ za jednoho.

_____ je možné.

_____ je jinak.

_____ zlé je pro něco dobré.

_____ *(Gen. sg.)* s mírou.

Konec dobrý, _____ dobré.

Škoda, že _____ nejsou tak chytří jako on.

11 CO? VŠECHNO, NEBO NIC!
WHAT? EVERYTHING OR NOTHING!

Nom.	**CO**	**NĚCO**	**NIC**	**VŠECHNO**
Gen.	ČEHO	NĚČEHO	NIČEHO	VŠEHO
Dat.	ČEMU	NĚČEMU	NIČEMU	VŠEMU
Acc.	= Nom.			
Loc.	O ČEM	O NĚČEM	O NIČEM	O VŠEM
Instr.	ČÍM	NĚČÍM	NIČÍM	VŠÍM

■ **14. Respond to the questions using *všechno možné* and *nic* in your answers (Odpovězte na otázky a použijte v odpovědích *všechno možné* a *nic*):**

Co se ti líbí? _____ _____

Čeho se bojíš? _____ _____

O čem přemýšlíš? _____ _____

Po čem toužíš? _____ _____

S čím jsi spokojený/á? _____ _____

Na čem ti záleží? _____ _____

Co tě mrzí? _____ _____

Čemu rozumíš? _____ _____

Na co se těšíš? _____ _____

■ **15. Respond to the questions using in the answers *něco* (Odpovězte na otázky a použijte v odpovědích *něco*):**

To není možné, že se ti nic nelíbí!

Co se ti líbí? _____ Co? _____

O čem přemýšlíš? _____ O čem? _____

Po čem toužíš? _____ Po čem? _____

S čím jsi spokojený/a? _____ S čím? _____

Na čem ti záleží? _____ Na čem? _____

Na co se těšíš? _____ Na co?

Nom.	ten	jeden	kdo	který	ta	která
	to	jedno		které	jedna	
Gen.	toho	jednoho	koho	kterého	té jedné	které
Dat.	tomu	jednomu	komu	kterému	té jedné	které
Acc. Mi. + N	= Nom.		koho	= Nom.	tu jednu	kterou
Acc. Ma.	= Gen.			= Gen.		
Loc.	o tom	o jednom	o kom	o kterém	o té jedné	o které
Instr.	tím	jedním	kým	kterým	tou jednou	kterou

TEN / KAŽDÝ → KDO / CO
NĚKDO
NIKDO

ČLOVĚK → KTERÝ / CO

KAŽDÝ → KTERÝ

■ **16. Put into the correct case (Dejte do správného pádu):**

Koho se bojíš? Bojím se (ten) / (každý) _____, kdo je strašný.
Bojím se každého člověka, který je strašný.
Komu věříš? Věřím (ten) / (každý) _____, kdo je milý.
Věřím každému člověku, který je milý.
Koho navštívíš? Navštívím (ten) / (každý) _____, kdo mě pozve.
Navštívím kamaráda, který mě pozve.
O kom nechceš mluvit? Nechci mluvit o (ten) / (nikdo) _____, kdo tady není. Nikdy nemluvím o člověku, který tady není.
S kým jsi v kontaktu? S (ten) / (každý) _____, kdo je na mě milý.
Kamarádím se s každým člověkem, který je na mě milý.

Bojím se toho/každého, koho se bojíš ty. Bojím se každého člověka, kterého se bojíš ty.
Věřím tomu/každému, komu věříš ty. Věřím každému člověku, kterému věříš ty.
Navštívím toho/každého, koho navštívíš ty. Navštívím každého člověka, kterého navštívíš ty.
Nemluvím o tom/nikom, o kom nechceš mluvit ty. Nemluvím o žádném člověku, o kterém nechceš mluvit ty.
Kamarádím se s tím, s kým se kamarádíš ty. Kamarádím se s každým člověkem, s kterým se kamarádíš ty.

pády	KDE?	
Gen.	**BLÍZKO**	Bydlím blízko fakulty.
	VEDLE	Sedím vedle Hany.
	U	Sejdeme se u pokladny.
	KOLEM	Sedíme kolem stolu.
Dat.	**(NA)PROTI**	Naproti fakultě je tramvajová zastávka.
Acc.	**MIMO**	Je mimo Prahu.
Loc.	**NA**	Byl jsem na koncertě.
	V	Bydlel jsem v Londýně.
Instr.	**PŘED**	Sejdeme se před divadlem.
	ZA	Bydlím za rohem.
	NAD	Číslo domu je nad vchodem.
	POD	Garáže jsou pod obchodem.
	MEZI	Rudolfinum stojí mezi řekou a muzeem.

pády	KAM?		ODKUD?		KUDY?	
Gen.	**DO**	Jdu do školy.	**Z**	Jsem z Itálie.	**PODÉL**	Jdu podél řeky.
				Jdu z oběda.		
			OD	Jdu od Hanny.	**KOLEM**	Jdu kolem muzea.
Dat.	**K**	Jdu k Haně.				
Acc.	**NA**	Jdu na oběd.			**PŘES**	Jdu přes most.
Loc.					**PO**	Chodím po městě.
Instr.	**ZA**	Jdu za profesorem.				Jděte tou ulicí.

pády	KDY?	
	OD – DO	od rána do večera, od pondělí do pátku
	DO	do konce roku, do začátku roku
Gen.	**BĚHEM**	během týdne
	KOLEM	kolem poledne, kolem druhé hodiny
	datum	druhého dubna roku 2008 (dva tisíce osm) ! jednoho dne !
	V	ve středu, v jednu hodinu
	NA	na podzim
Acc.	**PŘES**	přes den, přes noc
	ZA	za minutu, za chvíli
		tento rok = letos, minulý rok = loni, příští rok, každou minutu
	NA	na jaře
Loc.	**V**	v létě, v zimě, v lednu, v roce 2005
	PO	po obědě
	O	o víkendu, o přestávce, o dovolené
Instr.	**PŘED**	před měsícem, rokem, hodinou ! před dvěma, třemi, čtyřmi, pěti roky/lety !

>> Piju kávu bez mléka × s mlékem; **BEZ + Gen. / S + Instr.**
Jdu na kávu (do kavárny) × Jdu pro kávu (do obchodu)
NA + Acc. / PRO + Acc.
Za kolik jsou pomeranče? = Kolik stojí pomeranče? Kolik platíš za byt?
ZA + Acc.
Kromě literatury studuju taky jazyk. = Studuju jazyk i literaturu.
KROMĚ + Gen.
Udělám tu práci místo tebe / za tebe. = Nemusíš to dělat ty, udělám to já.
MÍSTO + Gen.
Při jídle nemluvíme. = Když jíme, nemluvíme.
PŘI + Loc.

>> („Proč při jídle nemluvíte?" diví se Juan, „ve Španělsku při jídle mluvíme!"
„Každý kraj jiný mrav!" vysvětluje mu Honza. = Všude jsou jiné zvyky!)

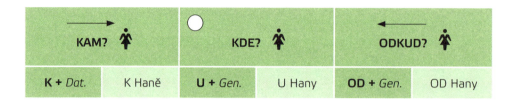

KAM?		KDE?		ODKUD?	
K + *Dat.*	K Haně	**U +** *Gen.*	U Hany	**OD +** *Gen.*	OD Hany

! Jdu k Haně na návštěvu. Jdu za panem profesorem na konzultaci.

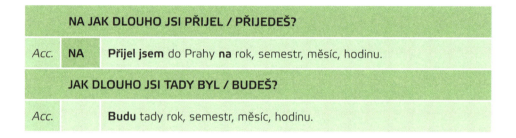

		NA JAK DLOUHO JSI PŘIJEL / PŘIJEDEŠ?
Acc.	**NA**	**Přijel jsem** do Prahy **na** rok, semestr, měsíc, hodinu.
		JAK DLOUHO JSI TADY BYL / BUDEŠ?
Acc.		**Budu** tady rok, semestr, měsíc, hodinu.

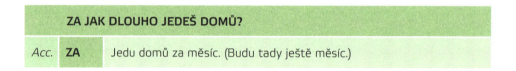

		ZA JAK DLOUHO JEDEŠ DOMŮ?
Acc.	**ZA**	Jedu domů za měsíc. (Budu tady ještě měsíc.)

Jak dlouho jsi v Praze?
Jsem tady od září, takže **sedm měsíců**.
Na jak dlouho jsi přijel?
Přijel jsem **na dva semestry**.
Takže tady budeš ještě dva, tři měsíce?
Ano. Domů jedu **za dva měsíce**.

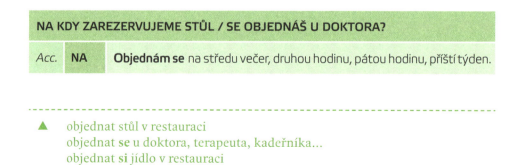

		NA KDY ZAREZERVUJEME STŮL / SE OBJEDNÁŠ U DOKTORA?
Acc.	**NA**	**Objednám se** na středu večer, druhou hodinu, pátou hodinu, příští týden.

▲ objednat stůl v restauraci
objednat **se** u doktora, terapeuta, kadeřníka...
objednat **si** jídlo v restauraci

▲   Budete obědvat? – Ano.
Přejete si objednat? – Ano, dám si...

■ 17. Fill in the prepositions (Doplňte prepozice):

a) Dnes je pátek. V neděli jedu na dovolenou. Na dovolenou jedu ___ dva dny.
Na dovolené budu týden. / Na dovolenou pojedu ___ týden = Pojedu na týdenní
dovolenou.
___ deset dní už budeš zpátky?
Ano, vrátím se ____ deset dní.

b) Příští rok chci jet __ měsíc ___ Austrálie.
Proč nejedeš už tento rok?
Ještě nemám peníze na cestu a pobyt. Tento rok budu šetřit a pojedu __ rok.

c) Hana a Honza pojedou ___ Finska nebo ___ Španělska ___ létě nebo ___ zimě,
kdo ví. Taky nevědí, jak dlouho tam budou. Honza říká, že stačí dva týdny. Hana
chce jet ___ měsíc.

d) ___ jak dlouho končí semestr?
Nevím přesně, myslím, že ___ _____ _____.

e) Zítra půjdeme ____ restaurace ____ večeři. ____ kdy objednáme stůl?
____ sedmou, nebo ____ osmou hodinu večer? A ____ kolik osob?

f) Chci nový účes! Musím se objednat ____ kadeřníka ___ pátek odpoledne.

g) Jak dlouho budeš ještě v Praze?
Budu tady ___ konce měsíce.
Jen ještě dva týdny? Já jsem si myslel, že jsi přijel ____ dva semestry.
Bohužel ne, přijel jsem jen ___ semestr.

h) Kde se sejdeme, ___ Muzea, nebo ____ koně?
Sejdeme se ____ vchodem ____ metra.

i) Včera jsem nebyla ___ škole. Zítra budu muset jít ___ panem profesorem ___
konzultaci.

■ **18. Fill in the prepositions where they are necessary (Doplňte prepozice tam, kde je to nutné):**

Můj kamarád ___ Ameriky studuje ___ tento rok ___ Praze. Bude tady ___ dva semestry. Bydlí ___ koleji Hostivař. Kolej se mu moc nelíbí, ale celkem je spokojený ___ pobytem ___ Praze. Líbí se mu pražská atmosféra. Má hodně kamarádů ___ různých zemí. Má rád pražské ulice a hospody, chutná mu české jídlo a rád chodí ___ pivo. Taky se zajímá ___ sport. Fandí Spartě. Říká, že je ___ Praze hodně dobré kultury. Často navštěvuje kluby a kina, občas taky chodí ___ koncerty vážné hudby nebo ___ opery. Lístky nejsou drahé. ___ srovnání ___ Amerikou jsou skoro zadarmo! To je fajn. Česky se učí ___ půl roku. ___ češtinu chodí dvakrát ___ týdně. ___ třídě, ___ hospodě (Co si dáte? Pivo!!! atd.) nebo ___ stadionu (Hoši! Češi! Do toho!!!) může mluvit česky celkem ___ problémů, ale ___ ulici je to ještě problém. ___ jaře a ___ létě bude cestovat ___ Evropě. Pojede ___ hlavního města Maďarska, ___ Budapešti, navštíví taky ___ Vídeň. ___ létě pojede ___ Itálie a ___ Řecka. Napřed se podívá ___ několika italských měst a potom pojede ___ lodí ___ Sicílie ___ řecký ostrov Korfu. ___ podzim se má vrátit ___ Ameriky, ale chce zkusit zůstat ___ Praze ___ Vánoc. Doufám, že to vyjde!

■ **19. Retell in the past tense (Vyprávějte v minulém čase):**

Můj kamarád ___ Ameriky _____ minulý rok _____

_____

_____

_____

_____

_____

_____

_____

_____

_____

_____

_____

_____

Hanna a Juan se potkali v Praze na fakultě. Předtím se neznali. Pak se potkávali skoro každý den. Jednou Hanna řekla: „Ahoj!" Juan odpověděl: „Ahoj!" To už se znali, ale jen od vidění. Nebyli to ještě známí.

„Ahoj. Já jsem Hanna. Jsem z Finska."
„Já vím. Ahoj! Já jsem Juan. Z Madridu. Těší mě."
„Mě taky."
Už to byli známí.

Hanna si všimla, že moc ráda potkává Juana. Proč asi? Nechtěla dlouho čekat:
„Ahoj, Juane!"
„Ahoj, Hanno!"
„Já dnes večer jdu do kina."
„Aha."
„Chceš jít se mnou?"
„Co?"
„Ty nemáš čas?"
„Ne, ne, ne, vlastně ano, ano, mám čas."
A tak šli spolu do kina. Začali se kamarádit. Netrvalo to dlouho a…

„Hanno, dnes večer tě zvu do vinárny na večeři."
„Díky."

Byl to moc příjemný večer. Vypili hodně vína. Dlouho spolu mluvili. Ve víně je pravda. Do vinárny vcházeli kamarád a kamarádka. Když z vinárny vycházeli, chvíli mlčeli. Před vinárnou se poprvé políbili. Začali spolu chodit. Stali se klukem a holkou (přítelem a přítelkyní).
Teď jsou pořád spolu. Už se nepotkávají náhodou na ulici, před fakultou, na fakultě… Scházejí se (setkávají se) každý den a tráví hodně času spolu.

▲   znát někoho od vidění – *to know sb. by sight*
   políbit někoho × políbit **se** – *to kiss × to kiss **each other***
   potkávat / potkat někoho – potkávat **se** / potkat **se** s někým = náhodou
   Hanna potkala Juana. Často se potkává s Juanem.
   setkávat se / setkat se s někým = domluvit se kdy, kde
   Setkáme se dnes večer. Setkáváme se každý týden.
   chodit spolu – *to date sbd., be a boy/girlfriens*

Kdo udělal první krok?
Byla to láska na první pohled?

Máš nějaké koníčky?
Máš nějakého koníčka*?
Mám hodně koníčků!
Nemám žádného koníčka.
Studium je můj koníček.

MÁM RÁD/A + Acc.

Mám rád/a…

     literaturu, sport, procházky, filmy, divadlo, hudbu, kolo

RÁD/A + Verb

Ráda…

     čtu, sportuju, chodím na procházky, se dívám na filmy,
     chodím do divadla, poslouchám hudbu, jezdím na kole

BAVÍ MĚ + Nom.

Baví mě…

     literatura, sport, procházky, filmy, divadlo, hudba, kolo

BAVÍ MĚ + Inf.

Baví mě…

     číst, sportovat, chodit na procházky, dívat se na filmy,
     chodit do divadla, poslouchat hudbu, jezdit na kole

▲   baví mě – *I enjoy*; bavit se o + Loc. – *to talk about*; bavit se s + Instr. – *to talk to*
       bavím se dobře – *I have a good time* × nudím se – *I am bored*

* Mám mobila, koníčka: *in Acc. sg. we sometimes use a masculine animate ending even for inanimate nouns!*

JAKÉ KONÍČKY MAJÍ NAŠI PŘÁTELÉ?

Hanna má různé koníčky:
Sbírá známky, má velkou sbírku známek.
Hraje na piano. Hraje tenis.
Ráda lyžuje. Cvičí jógu.
Baví ji číst.
Má ráda hudbu. Nejraději poslouchá finskou skupinu HIM.

Juan rád tráví čas u moře.
Rád se opaluje.
Rád pije české pivo.
Baví ho cizí jazyky.
Rád tancuje. Hraje na kytaru.
Rád poslouchá flamenco.

Honza rád chodí na ryby.
Rád hraje hokej. Taky rád bruslí.
Má rád hip hop.
Baví ho historie.

Hana má ráda fotografii. Ráda fotografuje.
Sbírá staré pohlednice.
Ráda cestuje. Ráda chodí na procházky.
Sport ji moc nebaví.
Zajímá se o současnou literaturu.

■ **20. Answer the questions (Odpovězte na otázky):**

Jaké máš koníčky?
_____

Co rád/a děláš?
_____

Co tě baví?
_____

Co tě nebaví?
_____

Co nesnášíš?
_____

	Nom. pl.		Nom. pl. coll.
Ma.	**ti** dob**ří**	kamarádi	
Mi.	**ty** dob**ré**	dorty	**ty dobrý**
F		knihy	
N	**ta** dob**rá**	auta	

» The **written Czech language** has **many different plural endings** (each gender has its own ending). Neither foreigners nor native speakers find this easy. One of the striking features of **spoken Czech in Bohemia** is its simplifications, e.g. in this instance, **one adjective ending and pronoun form for all genders** in the nominative plural! Unfortunately this only applies in speech – not in the written language.

» Here are a few more typical vowel changes you could hear on the street in Prague:

Ý → EJ	dobr**ý** oběd → dobr**ej** oběd

É → Ý	dobr**é** pivo → dobr**ý** pivo

O → VO	on, ona, oni → **v**on, **v**ona, **v**oni
	okno → **v**okno

» Single word expressions are typical for colloquial language:

cestovka	cestovní kancelář
foťák	fotografický aparát
občanka	občanský průkaz
obývák	obývací pokoj
řidičák	řidičský průkaz
spacák	spací pytel
Václavák	Václavské náměstí

atmosféra (f)	atmosphere	pohledný, -á, -é	handsome, good-looking
bavit se (i.) (2) o + L.	to talk about	ponožka (f)	sock
botník (m)	shoe-rack	poznávat /	to recognise,
brát se / vzít se (4)	to get married	poznat (1) + A.	to know a p.
bratranec (m)	cousin	proděkan (m)	assistant dean
bruslit (2)	to skate	přátelství (n)	friendship
člen (m)	member	předem (adv.)	in advance
divit se (2)	to wonder	předseda (m)	chairman
dvojče (n)	twin	představit se (p.) (2)	to introduce oneself
domácnost (f)	household	představit si (p.) (2)	to imagine
dřív(e) (adv.)	before; earlier	překládat (1) /	to translate
důchod (m), penze (f)	pension	přeložit (2) z + G. do + G.	
fandit (i.) (2) + D.	be a fan	překvapení (n)	surprise
firma (f)	firm	příbuzný, -á, -é; (m) (f)	relative; cognate
hoch (m) (lit.)	boy	příležitost (f)	opportunity
inženýr (m), -ka (f)	engineer	pstruh (m)	trout
jedináček (m)	only-child	redaktor (m), -ka (f)	editor
jinak (adv.)	otherwise	rozvádět se (2) /	to divorce
kadeřník (m), -ice (f)	hairdresser	rozvést se (4) s + I.	
kolo (n)	wheel; circle; bike	rozvedený, -á	divorced
kraj (m)	region, area	sbírat (i.) (1) + A.	to collect
kravata (f)	tie	sbírka (f)	collection
kůň, koně (m)	horse	sestřenice (f)	cousin
legrační (adj.)	funny	skandál (m)	scandal
lev (m)	lion	skupina (f)	group
líbat (1) / políbit (2) + A.	to kiss	slon (m)	elephant
		současný, -á, -é	contemporary
manažer (m), -ka (f)	manager	soud (m)	court, judgment
maturita (f)	A levels	soudce (m)	judge
miminko (n)	baby	sourozenec (m)	sibling
mimo (prep. + A.)	out of	společenský, -á, -é	social; sociable
míra (f)	measure, size	srandovní (adj.)	funny
mlčet (i.) (2)	be silent	starat se (1) o + A.	to take care of
mrkat (i.) (1)	to blink	stavební (adj.)	construction
neustále	all the time	strejda (m) (coll.)	uncle
nosit (i.) (2) + A.	to wear; carry	svatba (f)	wedding
novinka (f)	piece of news	svobodný, -á	single
občan (m)	citizen	šetřit / u- (2) + A.	to save (money)
objednat (si) (p.) (1) + A.	to order, book	na + A.	
		tedy	than, thus, so
objednat se (p.) (1) + na A. u + G.	make an appointment	tenkrát	at that time
parta (f)	group, company	terorizovat (i.) (3) + A.	to terrorize
plat (m)	salary, wage	tichý, -á, -é	silent
podnikat (i.) (1)	to run a business		

točit se (i.) (2)	to turn, go around
Vánoce (f pl.)	Christmas
vdaná	married
vdávat se / vdát se (1) za + A.	to get married
vdovec (m), vdova (f)	widow
velvyslanectví (n)	embassy
vést (i.) (4): vedu + A.	to lead
věřit (i.) (2) + D.	to believe
vnuk (m), vnučka (f)	grandchild
vstupovat (3) / vstoupit (2) do + G.	to enter; join
vtip (m)	wit, joke
vysvětlovat (3) / vysvětlit (2) + D. – A.	to explain
začátek (m.)	beginning
zadarmo, zdarma (adv.)	free, gratis
základ (m)	basis, foundation
zkusit (p.) (2) + A.	to try
zlato (n)	gold
známý, -á, -é; (m) (f)	well-known; acquaintance
zůstávat (1) / zůstat (4)	to stay; remain
ženatý	married (man)
ženit se / o- se (2) s + I.	to get married

FRÁZE:

a tak dále	and so on
být ve stresu	to be stressed
láska na první pohled	love at first sight
podobat se jak vejce vejci	be alike as two peaks
vážná hudba	classical music
všechno možné	everything possible
znát někoho od vidění	to know sbd. by sight
Buď klidný!	Be quiet! Don't worry!
Do toho!	Get going!
Doufám, že to vyjde.	I hope it will work out!
Jsem si jistý!	I'm sure!
Jiný kraj, jiný mrav.	Ever country has its customs.
(Ne)dokážu si to představit!	I can('t) imagine!
Nevím, co dřív.	I don't know where to start.
Všeho s mírou.	Everything in moderation.

PHRASES:

12 NEMOC
ILLNESS

NENÍ MI DOBŘE! CO JE TI? ▶

Juan**ovi není** od rána **dobře**. Zůstal v posteli. **Točí se mu** hlava. Myslíte si, že má opici? Asi těžko. Včera nic nepil. A v posteli byl už před půlnocí. Tak co **se mu stalo**? Asi **mu vadí**, že je teď sám. Hanna odjela na pár dní domů a on si nemůže zvyknout na to, že je pryč. Moc **se mu** po ní **stýská**. **Chybí mu**. **Nelíbí se mu**, že je takový slaboch. **Posílá jí** několik esemesek denně, **píše jí** maily, taky **jí** občas **zavolá**, ale to **mu nestačí**. Sám **tomu nerozumí**. Věděl, že Hanna musí jet domů, a samozřejmě **nebyl proti tomu**. A teď ho ještě bolí hlava, bolí ho v krku, **nechutná mu** jídlo. **Je mu zima**. Je asi opravdu nemocný. Bude muset **jít k** lékaři.

Teď **volá** Honz**ovi**.

Juan: Ahoj, Honzo. Mám **k tobě prosbu**.

Honza: Nazdar, Juane! Co je s tebou? Celý týden jsem tě neviděl.

Juan: **Je mi** nějak **divně**. Asi budu muset **jít k** doktor**ovi**. **Nechce se mi**.

Honza: **Co je ti**?

Juan: Asi mám horečku. Nemám **chuť k jídlu**, **točí se mi** hlava…

Honza: To **je mi** moc **líto**. **Držím ti** palce, ať se brzy uzdravíš!

Juan: Díky. Ale víš, co! Zítra v 15.45 přiletí Hanna. Chtěl jsem **jí jít naproti** na letiště… Mohl bych poprosit tebe? Určitě bude mít těžké kufry.

Honza: Ale to víš, že jo! **Spolehni se**! Půjdu jí naproti. A ty **běž** do postele! V žádném případě nesmíš vstávat! **Dej si** horký čaj! **Jez** hodně teplé polévky! A určitě **jdi k** doktor**ovi**! To je nutné. A **vezmi si** něco **proti** teplotě. **Nezapomeň** mi pak **zavolat**, **jak ti je**. Anebo ne, **nevolej mi**, já **ti zavolám**.

Juan: Děkuju **ti** moc! Máš to u mě!

Honza: Ale **jdi**! To nic není. To je maličkost! Brzy **se uzdrav**! A hezký den!

Juan: Díky! **Tobě** taky!

▲ Co je ti? – *What's wrong?* Točí se mi hlava. – *I feel dizzy.*
   mít opici – *to have a hangover*

   mít chuť k jídlu (Co si dáte k jídlu?) × mít chuť na něco dobrého
   mít k někomu prosbu – *to have a request for somebody*
   držet někomu palce – *keep one's fingers crossed*
   Spolehni se! – *You can rely on me!*
   Máš to u mě! – *I'll repay you!*
   Ale jdi! – *What an idea! Forget it!*
   uzdravit se = být zase zdravý

▲ Hezky den! (přeju ti) – Tobě taky!
   Měj se hezky! – Ty taky!

▲   nechci × nechce se mi – *I don't feel like*; chce se mi spát – *I feel sleepy*
chybí mi – stýská se mi:
Juanovi chybí Hanna. = Je smutný bez Hanny. = Stýská se mu po Hanně.
Hanna si chce koupit byt. Nemá dost peněz. Kolik jí chybí? – Chybí jí
milion!

■ 1. Multiple choice (Vyberte správnou odpověď):

Proč Juan dnes zůstal v posteli?

        a) nechce se mu vstávat b) je moc unavený c) není mu dobře

        Zůstal v posteli, protože _____.

Kolik Juan včera vypil piv?

        a) několik piv b) dvě, tři piva c) ani jedno pivo

        Juan si dal /nedal _____.

Kdy Juan šel spát?

        a) velmi pozdě b) o půlnoci c) dost brzo

        Šel spát _____.

Kdy se Hanna vrátí?

        a) za několik dní b) za týden c) zítra

        Hanna se vrátí _____.

Jak často Juan volá Hanně?

        a) několikrát za den b) každý druhý den c) občas

        Volá jí _____.

Co se Juanovi nelíbí?

        a) nemůže bez Hanny žít b) Hanna je pryč c) musí na ni čekat na letišti

        Nelíbí se mu, že _____.

Co mu radí Honza?

        a) „Zůstaň v posteli!" b) „Nechoď k doktorovi!" c) „Jdi na letiště!"

        Honza mu radí: _____.

Kolik zavazadel má Hanna?

        a) dva těžké kufry b) jeden kufr a jednu tašku c) to bude překvapení

        Hanna má _____.

■ 2. Respond (Answer):

Měl/a jsi někdy opici? Popiš, jak ti bylo! _____

Může se Juan spolehnout na Honzu? _____

Můžete se spolehnout na dobrého kamaráda / dobrou kamarádku?_____

hard	KDO? CO?	KE KOMU? K ČEMU / KAM JDEŠ?		
	kamarád	ke kamarád**ovi**		+ **-OVI**
M	kamarád Petr	ke kamarád**u** Petr**ovi**		+ **-U/-OVI**
	most	k most**u**		
N	okno	k okn**u**		+ **-U**
	muzeum	k muze**u**		
	škola			ke škol**e**
	voda		-dě	k vodě
	teta		-tě	k tetě
	Hana		-ně	k Haně
	ryba		-bě	k rybě
	lampa		-pě	k lampě
F	dáma		-mě	k dámě
	káva		-vě	ke kávě
	sestra	r → ř	-ře	k sestře
	Hanka	k → c	-ce	k Hance
	Olga	h, g → z	-ze	k Olze
	socha	ch → š	-še	k soše

(-E/-Ě for F group)

soft	KDO? CO?	KE KOMU? K ČEMU / KAM?	
M	Tomáš	k Tomáš**ovi**	+ **-OVI**
	lékař, učitel, přítel	k lékař**i**, k učitel**i**, k přítel**i**	
F	stanice	ke stanic**i**	-I
N	moře	k moř**i**	
	nádraží	k nádraží	

›› Marek, otec → k Mark**ovi**, k otc**i**

›› kolega Honza – koleg**ovi** Honz**ovi**

M + N	**TEN, TO**	ten sýr, to pivo	k **tomu** dobr**ému** sýru	**TOMU**
	-Ý, -É	dobrý, dobré	k **tomu** dobr**ému** pivu	→ -ÉMU
	-Í	cizí	ciz**ímu**	→ -ÍMU
F	**TA**	ta káva	k t**é** kávě	→ TÉ
	-Á	dobrá	dobr**é**	→ -É
	-Í	cizí	cizí	**-Í**

»   můj, tvůj → dobrý + jaký, který   →   *(hard adjectives declension)*
       má, tvá → dobrá + jaká, která   →   *(hard adjectives declension)*
       náš, naše; váš, vaše + moje, tvoje   →   *(special pronoun declension)*
       její → moderní   →   *(soft adjectives declension)*
       jeden, jedna, jedno → ten, ta, to

	Nom. sg. – To je:		***Dat. sg.*** – Co má proti:	
	M + N	*F*	*M + N*	*F*
já	můj kluk	moje / má sestra	m**ému** klukovi	mo**jí** / mé sestře
ty	tvůj přítel	tvoje / tvá přítelkyně	tv**ému** příteli	tvo**jí** / tvé přítelkyni
ona	její štěstí	její kamarádka	její**mu** štěstí	její kamarádce
my	náš učitel	naše učitelka	naš**emu** učiteli	naší učitelce
vy	váš názor	vaše nálada	vaš**emu** názoru	vaší náladě

PŘEDLOŽKY S DATIVEM
PREPOSITIONS WITH THE DATIVE CASE

prepozice

K/KE – *to*
towards (DIRECTION)

KVŮLI – *because of*
PROTI – *against*
(NA)PROTI – *across the street, opposite*
DÍKY – *thanks to*

→ Jdu ke kamarádovi. Jdu k mostu.
Co si dáš ke kávě?
Jsem tady kvůli kamarádce.
Co máte proti tomu projektu?
Bydlí (na)proti divadlu.
Udělal to díky vaší pomoci.

12 KDY POUŽÍVÁME DATIV?
WHEN DO WE USE THE DATIVE CASE?

Verba	
blížit, při- se k – *to approach*	Blížíme se k Praze.
divit, po- se – *to wonder, be surprised by*	Čemu se divíte?
fandit – *to support (a team)*	Honza fandí Spartě, Juan Realu Madrid.
podobat se – *to look like; to resemble*	Honza se podobá matce.
pomáhat, pomoct – *to help*	Můžeš mi pomoct?
rozumět, po- – *to understand*	Rozumíte tomu českému slovu?
smát se, za- se – *to laugh at*	Čemu se smějete?
věřit, u- – *to believe*	Věříte tomu pánovi?
volat, za- – *to call*	Zavolám ti večer.
dávat, dát ǂ něco – *to give*	Honza dal Hanně dárek.
doporučovat, doporučit ǂ něco – *to recommend*	Kolja je dobrý film. Můžu ti ho doporučit. Co mi doporučujete?
kupovat, koupit ǂ něco – *to buy*	Koupil Hanně květiny.
posílat, poslat ǂ něco – *to send*	Pošlu bratrovi dopis.
psát, napsat ǂ něco – *to write*	Napíšu přítelkyni esemesku.
pronajímat, pronajmout ǂ něco – *to lease*	Pronajal mi byt.
půjčovat, půjčit ǂ něco – *to lend*	Půjčil kamarádovi peníze.
radit, po- ǂ něco (Inf.) – *to advise*	Poradil mu jít si lehnout.
říkat, říct ǂ něco – *to tell*	Řeknu kamarádovi pravdu.
vysvětlovat, vysvětlit ǂ něco – *to explain*	Chci vám to vysvětlit.
závidět ǂ něco – *to envy*	Závidí mu jeho nový byt.
blahopřát, po- ǂ k + D. – *to congratulate*	Blahopřeju Honzovi k svátku.
děkovat, po- ǂ za + A. – *to thank for*	Děkuju kamarádovi za pomoc.
přát, po- ǂ k + D. – *to wish*	Přeju ti všechno nejlepší k narozeninám!
Neosobní konstrukce s dativem	
hodí se mi – *it suits me*	Ten čtvrtek se mi hodí.
chutná mi – *I like the taste (it tastes nice to me)*	Knedlíky mi nechutnají.
chybí mi – *I miss*	Chybí mi přítelkyně.
líbí se mi – *I like*	Ten film se mi nelíbí.
ne/vadí mi – *I (don't) mind it*	Kouř mi vadí.
patřit – *to belong to*	Ten slovník patří mně.
sluší mi – *it suits me*	Sluší mi ta barva?
stýská se mi – *I miss*	Stýská se mi po příteli.
vyhovuje mi – *it's convenient for me*	Ten termín mi bohužel nevyhovuje.
zdá se mi – *it seems to me*	Zdá se mi, že už je pozdě.
Kolik je ti let?	Je mi 22 let.
Je mi zima / horko / smutno / špatně.	
Je mi (to) líto. – *I'm sorry (about it).*	

! půjčit **si** od ǂ něco – *to borrow*: Nemám peníze, musím si je půjčit od tebe.
pronajmout **si** od ǂ něco – *to hire*: Nemám byt, musím si ho pronajmout. →
Mám pronajatý byt.

Reciprocita	
psát si – *to write to each other* ♦ ⇄ ♦ pomáhat si – *to help each other*	Píšeme si s kamarádem. Když máme problémy, pomáháme si.
Osobní prospěch – for one's own benefit	
dát si – *to order* koupit si – *to buy for oneself sth.* přát si – *to wish for sth. for oneself* vzít si – *to take*	Co si dáte? Chci si koupit boty. Co si přejete? Vezmu si ty boty.

■ **3. Respond to the questions using the words in brackets**
   (Odpovězte na otázky a použijte přitom slova v závorkách):

Čemu se divíte? (to cizí slovo, ten český zvyk, jeho problém)

_____

(Proč se tomu divíte? Divím se tomu, protože tomu nerozumím.)

Čemu ještě nerozumíte? (vaše otázka, její návrh, jejich plán, moderní hudba, nic)

_____

Komu se divíte? (tvůj nový kamarád, tvoje nová kamarádka)

_____

(Proč se jim divíte? Protože jsou divní.)

Komu se podobáte? (babička, dědeček, matka, otec, bratr, sestra, nikdo)

_____

Čemu se smějete? (ten dobrý vtip, ta česká komedie)

_____

(Proč se mu/jí smějete? Protože je vtipný. Protože je směšná.)

Komu koupíte dárek? (přítel, přítelkyně, pan profesor Jan Novák)

_____

Komu napíšete dopis? (pan profesor, paní profesorka, pan předseda Zdeněk Vítek)

_____

Ke komu půjdete na návštěvu? (Pavel, Marek, Hana, Anička, Lucie)

_____

Kvůli čemu se zlobíte? (špatný vtip, špatná známka, ošklivé počasí)

_____

Komu/čemu nevěříte? (pan prezident, Karel, kampaň proti kouření)

_____

Co si dáte k (jídlo) _____ ? – Dám si _____

Co si dáte k (pití) _____ ? – Dám si _____

Co si dáte k (čaj) _____ ? – Sušenky.

Co si dáte ke (káva) _____ ? – Dort.

■ **4. Respond to the questions using some of the reactions below**
   (Odpovězte na otázky a použijte přitom některou z níže uvedených reakcí):

▲ hodit se k – *to match, go together*

+	+ –
Moc se k tomu hodí!	Ani bych neřekl/a!
Moc ti to sluší!	Nic moc!
Vypadá to výborně!	Záleží na odstínu.

–
Vůbec se k tomu nehodí!
Kam jsi dal/a oči?!
Ani trochu!

Hodí se ta blůza k (ta sukně a ten pásek) _____ ?

Hodí se ta kravata k (ten oblek) _____ ?

Hodí se ty kalhoty k (ta košile) _____ ?

Hodí se ty džíny k (ten rolák) _____ ?

Hodí se ten rolák k (to sako) _____ ?

Hodí se ta mikina k (to tričko) _____ ?

Hodí se růžová k (červená) _____ ?

Hodí se zelená k (modrá) _____ ?

Hodí se černá k (bílá) _____ ?

Černá se hodí ke (všechno) _____ !

■ **5. Put into the dative case (Dejte do dativu):**

Hotel je naproti (benzínová pumpa) _____

Pošta je naproti (ten žlutý dům vpravo) _____

Fakulta je naproti (nová trafika) _____

Bydlím naproti (tramvajová zastávka) _____

Rozumím tomu jen díky (vaše vysvětlení) _____

Napsal jsem tu práci díky (vaše pomoc) _____

Díky (ten nový mladý autor) _____
  mám rád/a anglickou literaturu.
Pohádali se kvůli (jediné slovo). _____
Sedmnáctka jezdí k (filozofická fakulta). _____
Blížíme se k (státní hranice). _____
Jsem proti (válka a terorismus). _____
Díky (Harry Potter) nová generace dětí _____
  začala číst knihy.

>> jsem pro + Acc. × jsem proti + Dat.

■ **6. Choose from the list below and say what you prefer**
(Vyberte si z níže uvedeného seznamu a řekněte, čemu dáváte přednost):

dávat přednost + *Dat.* před + *Instr.*

hokej a fotbal   vážná hudba a džez
  pivo a víno
      dovolená ve Finsku a dovolená ve Španělsku
stará architektura a moderní architektura
      studium a práce   letadlo a vlak
  džus a kola   byt a vila
      město a venkov   jóga a aerobik

Čemu dáváš přednost? Proč?

Dávám přednost _____ před _____
_____ před _____
_____ před _____
_____ před _____
_____ před _____
_____ před _____
_____ před _____
_____ před _____
_____ před _____
_____ před _____
_____ před _____

já	ty	on	ona	my	vy	oni
Mně	Tobě	Jemu	Jí	Nám	Vám	Jim
… mi	… ti	… mu	… jí	… nám	… vám	… jim
ke mně	k tobě	k **ně**mu	k ní	k nám	k vám	k **ni**m

>> Komu věříš? Mně, nebo jemu?
Nevěřím ani tobě, ani jemu!

■ **7. Fill in the personal pronouns in the dative case
(Doplňte osobní zájmena v dativu):**

a) Přijďte k (my) _____na návštěvu!

K (vy) _____? Bohužel to nejde! Už nás pozvali Juan a Hanna.

Půjdeme k (oni) ____!

b) Co máš proti (já) _____?

Proti (ty) _____? Proti (ty) _____ nemám nic!

c) Půjčíš (já) _____ sto korun?

(Ty) _____?

Ano, (já) _____.

Ne, nepůjčím (ty) _____ nic.

Děkuju (ty) _____!

Ani (ty) _____, ani (on) _____ nic nepůjčím!

Co máš proti (já) _____? Co máš proti (on) _____? Co máš proti (my) _____?

Nemám nic, ale nechci (vy) _____ nic půjčit!

Ty jsi pěkný sobec!

d) Díky (ty) _____ tomu rozumím. Děkuju (ty) _____!

e) Kolik je (ty, on, ona, oni) _____ let?

Je (já) _____ dvacet, (on) _____ je osmnáct, (ona) _____ je třicet a (oni) _____
bude asi padesát (dohromady sto).

f) Kamarád má narozeniny. Nevím, co _____ mám koupit.

Kamarádi budou mít příští týden svatbu. Musím _____ koupit něco hezkého.

Potřebuju slovník. Můžeš ___ ho na chvíli půjčit?

Ani kamarádovi, ani kamarádce se to nelíbí. Ani _____, ani _____ se to nelíbí.

Mají hodně práce. Musíme _____ pomoct.

■ **8. Change the word order (Změňte slovosled):**

Mně to neříkej! – Neříkej _____ to!

Tobě nic nedám! – Nedám _____ nic!

Nám se tu nelíbí. – Nelíbí se _____ tu!

Vám je to jedno! – Je _____ to jedno!

Jemu to nemusíš ukazovat! – Nemusíš _____ to ukazovat!

Jí to můžeš říct! – Můžeš _____ to říct.

■ **9. Answer using the pronouns from brackets**
   (Odpovězte a použijte při tom zájmena v závorkách):

Komu se líbí hip hop?

Nelíbí se ani (já) _____, ani (ty) _____, ani (on) _____, ani (ona) _____, ani (oni) _____.

Nelíbí se (nikdo) _____!

To není pravda! (my) _____ se líbí!

Komu sluší růžové džíny?

Sluší (já) _____ i (ty) _____, (on) _____ i (ona) _____, (my) _____ i (vy) _____

a také (oni) _____.

Růžové džíny sluší (všichni) _____!

Komu to řekneš?

(já) _____, nebo (on) _____?

Neřeknu to ani (ty) _____, ani (on) _____! Řeknu to jen (ona) _____!

(JÁ) ZNÁM 🧍 Juana / (ho) 🧍 Hanu / (ji) 🧍 + 🧍 (je)

(JÁ) ZNÁM (JÁ) znám **SEBE/SE**

(JÁ) ZNÁM 🧍 🧍 (je)

⇄ My **se** známe.

mě ZNAJÍ oni

(JÁ) KOUPÍM 🧍 Juanovi / (mu) 🧍 Haně / (jí) 🧍 + 🧍 (jim) dárek

(JÁ) KOUPÍM (JÁ) dárek koupím **SOBĚ/SI**

(JÁ) KOUPÍM 🧍 🧍 (jim)

⇄ My **si** koupíme dárky.

mně KOUPÍ oni

REFLEXIVE PRONOUN **SE**		
Gen.	sebe	Bojím se sám sebe.
Dat.	sobě, **si**	Sobě nerozumím.
Acc.	sebe, **se**	Zlobím se na sebe.
Loc.	o sobě	Přemýšlím o sobě.
Instr.	s sebou* / se sebou	Nejsem spokojený sám se sebou.

* with you; take away!

■ **10. Fill in the reflexive pronoun se (Doplňte reflexivní zájmeno se):**

Nemůžou žít jeden **bez** druhého. – Nemůžou žít bez _____.
Píšou jeden druhému každý den. – Píšou (⇄) ____ každý den.
Hodí se jeden **k** druhému. – Hodí se k _____.
Pořád se dívají jeden **na** druhého. – Pořád se dívají **na** _____.
Co si (ty) myslíš **o** (ty). – Co si myslíš o _____?
Co si (ona / on / oni) myslí **o** (ona /on / oni)? – Co si myslí o _____?
Jsem spokojená sama se _____. Ty máš problémy sám se _____?

■ **11. Fill in the pronouns (Doplňte zájmena):**

a) Co koupíš Petrovi a Lucii? – Koupím _____ nové cédéčko.

Koupíš (ty) (ty) ____ taky nové cédéčko? – Bohužel ne, už nebudu mít peníze.

Kolik potřebuješ? Můžu (ty) _____ půjčit.

To nejde. Nechci (já) (já) ____ od nikoho půjčovat peníze! To (já)____ vadí!

Proč (ty) ____ to vadí? Můžu (ty) ____ pomoct. Ty jsi (já) ____ taky někdy pomohla!

Musíme (⇄) __ pomáhat! Kolik (ty) ____ chybí?

Chybí (já) ____ asi stovka. Ale nepřeju (já) (já) ____ to.

Tak já (ty) ____ nerozumím. Je (já) ____ to líto.

(Já) _____ taky! Fakt to nejde.

b) Petro, už (⇄) ____ znáte s Lucií?

Ne, ještě (⇄) ____ neznáme.

Musíte (⇄) ____ poznat! Já vás představím. To je Lucie! To je Petra!

Těší mě.

Mě taky.

Jsem ráda, že tě poznávám.

Já taky.

c) Jak dlouho se znáte se Honzou?

Jak dlouho se znáte s Hanou?

Jak dlouho se znáte s přítelem?

Jak dlouho se znáte s přítelkyní?

Kdy jste se poznali? Kde jste se poznali?

d) Já sedím vedle tebe. Ty sedíš vedle mě. Sedíme vedle _____.

Já jsem k tobě upřímný. Ty jsi ke mně upřímná. Jsme k _____ upřímní.

Já se dívám na něho. On se dívá na mě. Díváme se na _____.

Ty jsi takový sobec! Myslíš jen na _____!

Je to takový egocentrik (sebestředný muž). Mluví jen o _____.

e) Večer jdeme do divadla. Musíš vypadat elegantně. Co si vezmeš na _____?

Vezmu si na _____ černý oblek, bílou košili a kravatu.

V tom případě já nemám co na _____. Musím si koupit nové šaty!

(To jsem si mohl myslet!)

f) Zítra jedeme na výlet. Co si vezmeš s _____?

Vezmu si s _____ rohlíky a vodu.

g) Tam je policie! Ježíšmarjá! Nemám u _____ doklady!

Mám zkoušku příští týden. Mám zkoušku před _____.

Měl/a jsem zkoušku minulý týden. Už mám zkoušku za _____.

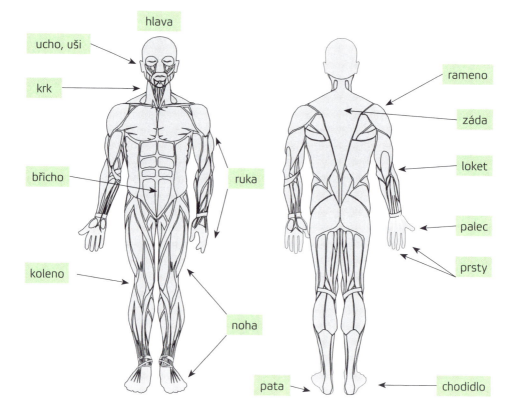

hlava

ucho, uši

krk

břicho

ruka

koleno

noha

rameno

záda

loket

palec

prsty

pata

chodidlo

OBLIČEJ, TVÁŘ

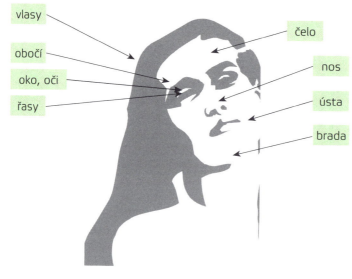

vlasy

obočí

oko, oči

řasy

čelo

nos

ústa

brada

! záda, ústa – N pl. !

Juanovi je pořád špatně. Konečně šel k doktorovi. Sedí v čekárně a čeká. ▶

Sestřička:	Kdo je na řadě?
Pán:	Asi tady ten mladý pán.
Sestřička:	Pojďte dál.
Juan:	Já? Děkuju. Dobrý den.
Doktor:	Dobrý den. Co vám chybí?
Juan:	Není mi dobře. Je mi špatně. Je mi zima.
	Mám bolesti. Mám horečku. Mám rýmu. Mám kašel.
Doktor:	Co vás bolí?
Juan:	Bolí mě celé tělo, pane doktore. Bolí mě hlava. Bolí mě záda.
	Bolí mě břicho. Bolí mě nohy.
Doktor:	**Ukažte** mi jazyk.
	Ano, je bílý.
Juan:	Bílý? Jak to?
Doktor:	To je normální. Podívám se vám ještě do krku. **Řekněte** „á"!
Juan:	ÁÁÁÁÁ!
Doktor:	Ano, máte červený krk.
Juan:	Ach, Bože!
Doktor:	**Změřte si** teplotu.
	Ó, máte skoro 40 ºC!
Juan:	To není možné! To je konec! Musím do nemocnice?
Doktor:	Ne! Ale musíte hned do postele. Máte chřipku. Budete brát kapky
	do nosu, kapky proti kašli, prášky proti bolení hlavy. Tady máte recept.
	Léky **užívejte** třikrát denně před jídlem. **Pijte** hodně čaje!
	A **nepijte** žádný alkohol!
Juan:	Můžu trošku piva?
Doktor:	Řekl jsem žádný alkohol! Pivo podle vás není alkohol?
Juan:	Já nevím.
Doktor:	**Jděte** teď do lékárny pro léky a pak si **jděte** lehnout. **Přijďte** se mi ukázat
	za týden. Na shledanou! Další, prosím!
Juan:	Na shledanou!
	(Co budu dělat? Hanna je pryč, mně je mizerně, jsem úplně na dně!)

▲ Bolí mě krk *(neck)* – potřebuju masáž. × Bolí mě v krku *(throat)* – potřebuju med.
Pojďte dál! – *Come in!*
používám kosmetiku, slovník × užívám (beru) lék
Ukažte mi jazyk! – *Let me see your tongue!*
Přijďte se mi ukázat za týden! – *Let me have a look in a week's time!*

HANA **HONZA** **HANNA** **JUAN**

OČI	
modré, hnědé, zelené, šedé, černé	velké, malé

VLASY			
světlé (blond)			
hnědé	dlouhé	rovné	vyholený
tmavé (černé)	krátké	vlnité	ŽÁDNÉ
zrzavé	na ramena	kudrnaté	plešatý
šedivé, bílé			

POSTAVA	
vysoká	tlustá
nízká	hubená
střední	štíhlá
střední	plnoštíhlá

Dívka, která má blond vlasy = blondýna ... tmavé vlasy = tmavovláska.
Chlapec, který má blond vlasy = blonďák.

Jak vypadá Hana? Jaké má oči? Jaké má vlasy? Jakou má postavu?

Jak vypadá Hanna? Jaké má oči? Jaké má vlasy? Jakou má postavu?

Jak vypadá Juan? Jak vypadá Honza?

Jak vypadáš ty? Jak vypadá tvůj nejlepší kamarád / tvoje nejlepší kamarádka?

Jak vypadá holka / kluk podle tvého vkusu?

Když brzo ráno vstává, vypadá Hana unaveně a ospale. Když se dobře nasnídá, tváří se spokojeně. Když jde ven, vypadá skvěle! Když dělá zajímavou práci, vypadá soustředěně. Když se pohádá s Honzou, tváří se naštvaně. Když se udobří, vypadá šťastně.

Když Juan brzo ráno vstává (a to je opravdu málokdy), vypadá příšerně. Když pospíchá na schůzku nebo do školy, vypadá unaveně. Když vidí Hannu, vypadá… No, to nejde popsat! Je zkrátka v sedmém nebi!

Jak se cítí?
Je unavený/á. (adj.)

Jak vypadá?
Vypadá unaveně. (adv.)
Je sympatický/á. (adj.)   Vypadá sympaticky. (adv.)

Jaký je?
Je upřímný. (adj.)

Jak se tváří? *(tvářit se = mít na tváři nějaký výraz)*
Tváří se upřímně. (adv.)

Jak vypadá?
Je vysoký, tlustý, má černé vlasy.

■ **12. Make the adverbs (Utvořte adverbia):**

Je milý,	vypadá	_____
Je přátelský,	vypadá	_____
Je mladý,	vypadá	_____
Je starý,	vypadá	_____

Když mám radost,	jsem veselý, vypadám _____
	jsem šťastný, vypadám _____
Když málo spím,	jsem ospalý, vypadám _____
Když hodně pracuju,	jsem unavený, vypadám _____
Když je můj přítel pryč,	jsem smutná, vypadám _____
Když přítel nečekaně přijede,	jsem veselá a překvapená, vypadám _____ _____
Když se zlobím,	jsem rozzlobený / naštvaný, vypadám _____ _____
Když mám starosti,	jsem ustaraný, vypadám _____

Když mi není dobře,   jsem asi nemocný, vypadám _____

Když se učím, musím se soustředit, jsem soustředěný, vypadám _____

Když jsem hodně na sluníčku,   jsem opálený, vypadám _____

■ **13. Describe your friend, roommate, housemate (Popište svého kamaráda, svoji kamarádku, spolubydlící, spolubydlícího, kolegu, kolegyni):**

Můj kamarád má _____ vlasy, _____ oči, _____ postavu.

Moje kamarádka má _____ vlasy, _____ oči, _____ postavu.

Můj spolubydlící má _____ vlasy, _____ oči, _____ postavu.

Moje spolubydlící má _____ vlasy, _____ oči, _____ postavu.

■ **14. You are supposed to meet somebody for the first time. Tell him how he/she can recognise you. (Máte se s někým sejít poprvé. Zkuste mu popsat, jak vás pozná):**

Novák: Dobrý den. U telefonu Novák. Můžu mluvit s panem… / s paní…?

Vy: Ano, u telefonu.

Novák: Mám pro vás dopis od kamaráda. Chci se s vámi sejít.

Vy: Výborně! Můžeme se sejít zítra večer v restauraci U knihovny. Hodí se vám to?

Novák: Ano, v sedm hodin budu mít čas. Ale nevím, kde to je.

Vy: Je to blízko fakulty, zhruba mezi fakultou a Klementinem, na rohu Valentinské a Veleslavínovy ulice.

Novák: No, no, no, vím, přesně vím, kde to je. Tak fajn. Zítra. Ale počkejte, nevím, jak vás poznám.

Vy: _____

             _____

Novák: No a já mám dlouhé vlasy, mám vousy, tmavé brýle, jsem vysoký, hubený, budu mít černou bundu, modré džíny a zelený svetr. A v ruce budu držet červený tulipán.

Vy: Cha, to opravdu není nutné.

■ **15. Match the personality traits in the frames with their descriptions at left**
   (Spojte charakterové vlastnosti v rámečkách s jejich popisem vlevo):

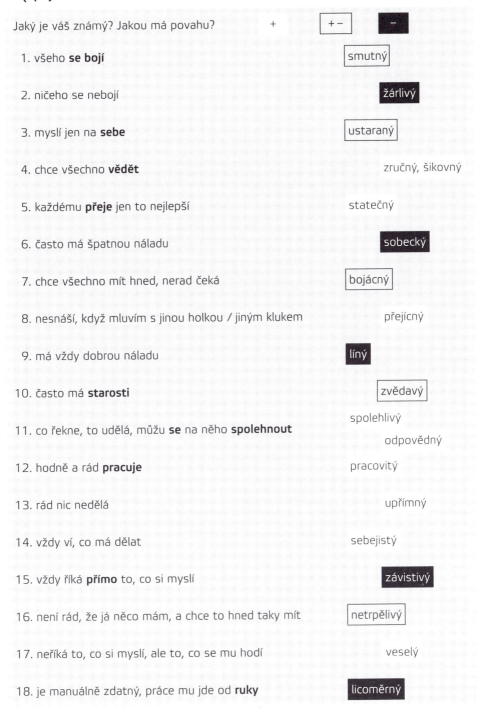

Jaký je váš známý? Jakou má povahu?   +   + –   –

1. všeho **se bojí**   smutný

2. ničeho se nebojí   žárlivý

3. myslí jen na **sebe**   ustaraný

4. chce všechno **vědět**   zručný, šikovný

5. každému **přeje** jen to nejlepší   statečný

6. často má špatnou náladu   sobecký

7. chce všechno mít hned, nerad čeká   bojácný

8. nesnáší, když mluvím s jinou holkou / jiným klukem   přejícný

9. má vždy dobrou náladu   líný

10. často má **starosti**   zvědavý

                                                 spolehlivý
11. co řekne, to udělá, můžu **se** na něho **spolehnout**
                                                 odpovědný

12. hodně a rád **pracuje**   pracovitý

13. rád nic nedělá   upřímný

14. vždy ví, co má dělat   sebejistý

15. vždy říká **přímo** to, co si myslí   závistivý

16. není rád, že já něco mám, a chce to hned taky mít   netrpělivý

17. neříká to, co si myslí, ale to, co se mu hodí   veselý

18. je manuálně zdatný, práce mu jde od **ruky**   licoměrný

12 JACÍ JSME?
WHAT ARE WE LIKE?

▲ jistý (sebejistý) × nejistý
klidný × neklidný
odpovědný × neodpovědný
spolehlivý × nespolehlivý
spokojený × nespokojený
přejícný × nepřejícný
trpělivý × netrpělivý
upřímný × neupřímný

■ 16. Write an essay about yourself: what you look like, what your personality traits are. (Napiš esej o sobě: jak vypadáš, jakou máš povahu – charakterové vlastnosti):

_____

_____

Podobám se _____

Myslím si, že ne/jsem _____

_____

Doufám, že ne/jsem _____

_____

Lidi říkají, že jsem _____

_____

■ 17. And what is your best friend like?
(A jaký je tvůj nejlepší kamarád / tvoje nejlepší kamarádka?):

_____

_____

_____

_____

_____

_____

_____

_____

3rd person pl. Present tense			IMPERATIV	
mluví pijou rozsvítí	one vowel	ty	Mluv! Pij! Rozsviť!	-Ø!
		my	Mluvme! Pijme! Rozsviťme!	+ ME!
		vy	Mluvte! Pijte! Rozsviťte!	+ TE!
		on	Ať mluví! Ať pije! Ať rozsvítí!	ať + 3rd p. sg.
		oni	Ať mluví! Ať pijou! Ať rozsvítí!	ať + 3rd p. pl.
čtou zavřou zhasnou	two consonants	ty	Čti! Zavři! Zhasni!	+ -I!
		my	Čtěme! Zavřeme! Zhasněme!	+ -ĚME! / -EME!
		vy	Čtěte! Zavřete! Zhasněte!	+ -ĚTE! / -ETE!
		on	Ať čte! Ať zavře! Ať zhasne!	ať + 3rd p. sg.
		oni	Ať čtou! Ať zavřou! Ať zhasnou!	ať + 3rd p. pl.
počkají dají si	-aj → -ej	ty	Počkej! Dej si!	-Ø!
		my	Počkejme! Dejme si!	+ ME!
		vy	Počkejte! Dejte si!	+ TE!
		on	Ať počká! Ať si dá!	ať + 3rd p. sg.
		oni	Ať počkají! Ať si dají!	ať + 3rd p. pl.

» 2nd p. sg.: oni jedou   →   jeď!
              oni platí   →   plať!
              oni zůstanou →   zůstaň!

» 1st p. pl. -ĚME! × -EME!
  2nd p. pl. -ĚTE! × -ETE!
  ! dě, tě, ně, pě, bě, mě, vě !   →   jděme! čtěme! spěme! vezměme!

» koupí   →   kup! kupme! kupte!
  kouří   →   nekuř! nekuřme! nekuřte!

» píšou   →   piš! pišme! pište!
  vrátí se →   vrať se! vraťme se! vraťte se!

189

12 IMPERATIV
THE IMPERATIVE

NEPRAVIDELNÝ (IRREGULAR) IMPERATIV

sloveso	ty	my	vy
být	**buď!**	buďme!	buďte!
mít	**měj!**	mějme!	mějte!
jít	**pojď sem!** já ← 👤	pojďme!	pojďte!
	jdi tam! já 👤 →	jděme!	jděte!
stát	**stůj!**	stůjme!	stůjte!
jíst / sníst	**jez! / sněz to!**	jezme!	jezte!
povědět	**pověz!**	povězme!	povězte!
pomoct	**pomoz!**	pomozme!	pomozte!
pospíšit si	**pospěš si!**	pospěšme si!	pospěšte si!

›› půjčit → **půjč mi!**; nechat → **nech mě!**; odpustit → **odpusť mi!**; hrát → **hraj!**

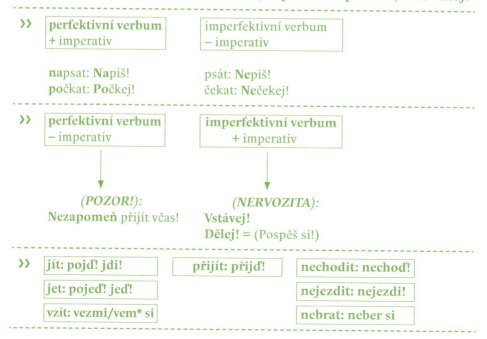

››

perfektivní verbum + imperativ	imperfektivní verbum − imperativ

napsat: **Na**piš!   psát: **Ne**piš!
počkat: **Po**čkej!   čekat: **Ne**čekej!

››

perfektivní verbum − imperativ	**imperfektivní verbum** + imperativ

(POZOR!):
Nezapomeň přijít včas!

(NERVOZITA):
Vstávej!
Dělej! = (Pospěš si!)

››
jít: **pojď! jdi!**   přijít: **přijď!**   nechodit: **nechoď!**

jet: **pojeď! jeď!**   nejezdit: **nejezdi!**

vzít: **vezmi/vem* si**   nebrat: **neber si**

* *coll. form*

■ 18. Make the imperative form (Utvořte imperativ):

Juane,

probudí se: _____!

nespí: _____!

umyjou se: _____!

osprchují se: _____!

oholí se: _____!

nasnídají se: _____!

!! pospíší si: _____!

nechodí všude pozdě: _____!

napíšou úkol: _____!

nekouří tady: _____!

jdou k lékaři: _____!

zůstanou v posteli: _____!

vypijou ten čaj: _____!

vezmou si prášek: _____!

zavolají Hanně: _____!

počkají na Hannu: _____!

nebudou smutný: _____!

mají se hezky: _____!

!! nechají mě už být: _____!

■ 19. Put the sentences into the negative form (Dejte věty do záporu):

Udělej pořádek! _____!   Jdi k lékaři! _____!

Přečti si tu knihu! _____!   Kup si ty boty! _____!

Napiš ten dopis! _____!   Přelož ten článek! _____!

Sněz ten koláč! _____!   Řekni mi něco! _____!

Vypij to pivo! _____!   Vrať se brzo! _____!

Zaplať ten účet! _____!   Jeď domů! _____!

Zavolej mi večer! _____!   Zůstaň tady! _____!

Pozvi je na párty! _____!   Ukaž mi ty fotky! _____!

Ohol se! _____!   Vezmi si ten dort! _____!

Počkej na mě! _____!   Půjč mu peníze! _____!

》   Co může Juan říct? – Nechte mě být! / Nechte mě na pokoji! / Dejte mi pokoj!
No tak, Honzo, neber si to tak a měj se hezky! – Díky! Ty taky!
A hezký víkend! – Díky! **Tobě** taky!

12 USMÍVEJTE SE!
SMILE!

Zdá se ti, že je všechno proti tobě? Máš dojem, že ti nic nejde? Ujel ti vlak? Nechce se ti vstávat? Nerozumíš si se šéfem? Chce ti utéct žena? To nic není! Buď nad věcí, nenech se otrávit! Podívej se na to, co musí Honza poslouchat každý den:

Doma: *(mluví Hana)* – Nespi už, vstávej! Obleč se! Uvař kávu! Připrav snídani! Umyj nádobí! Ukliď si ten nepořádek! Jez a pij pomalu! Nekuř pořád! Zavolej mi, co je nového! Pošli mi mail! Napiš mi esemesku! A tak dále…

Na fakultě: *(mluví pan učitel)* – Nechoďte pozdě! Napište domácí úkol! Přineste seminární práci! Naučte se nová slovíčka! Přečtěte si tenhle článek! Připravte se na zkoušku! Více studujte!

V práci: *(mluví šéf)* – Přineste mi ty materiály! Přeložte tenhle dopis! Napište rychle tu zprávu! Odneste to na poštu! Vraťte se brzo! Více pracujte!

A to už vůbec nemluvím o tom, že při cestě do práce a z práce vidí a slyší pořád jen „nemluvte za jízdy s řidičem"; „nevyklánějte se z oken"; „ukončete výstup a nástup"; „nevstupujte za bezpečnostní pás"; „neopírejte se o dveře"; „nedotýkejte se vystaveného zboží"… Prostě hrůza!
Tvoje problémy proti tomu nic nejsou! Zapomeň na starosti a buď v pohodě! Měj se fajn a raduj se ze života!

▲ Nemluvte za jízdy s řidičem! – *Do not talk to the driver while the bus is moving!*
Nevyklánějte se z oken! – *Do not lean out the window!*
Nevstupujte za bezpečnostní pás! – *Do not step past the safety line!*
Neopírejte se o dveře! – *Do not lean against the door!*
Nedotýkejte se vystavených předmětů! – *Do not touch the exhibits!*
Vypněte mobilní telefon! – *Turn off your mobile phone!*
Urychlete výstup a nástup do soupravy! – *Expedite getting off and on the train!*

▲ Co říkáme, když u dveří zazvoní návštěva?
Dobrý den!
Pojďte dál! Vítejte!
Odložte si kabát! – *Take off your cout!*
Sedněte si sem! / Posaďte se, prosím!
Buďte tady jako doma!
Nabídněte si koláč! – *Help yourself to some cake!*
Přijďte zas!
Pozdravujte doma!

▲ To proti tomu = to ve srovnání / v porovnání s tím

šaty

blůza / halenka

sukně

oblek

punčochy

šátek

kalhotový kostým

košile

kravata

čepice

svetr

šála

rukavice

ponožky

mikina

tričko

klobouk

kabát

sako

bunda

blůza (f)	blouse	nos (m)	nose
bojácný, -á, -é	timid, fearful	nutný, -á, -é	necessary, needful
bolest (f), bolení (n)	pain	oblek (m)	suit
brada (f)	chin	obočí (n)	eyebrow
budit se / pro- se (2)	to wake up	odnést (p.) (4) + A.	to carry away
cítit se (2)	to feel oneself	odpouštět /	to forgive, excuse
část (f)	part	odpustit (2)	
čekárna (f)	waiting-room	+ D. – A.	
čelo (n)	forehead; front	odstín (m)	shade
dívka (f)	girl; young lady	oko, oči (n)	eye
divně (adv.)	strange	opálený, -á, -é	sunbathed
dno (n)	bottom	opice (f)	monkey
dojem (m)	impression	odpovědný, -á, -é	responsible
doklad (m)	document, paper	palec (m)	thumb
držet (i.) (2) + A.	to hold, keep	pásek (m)	belt
hádat se / po- se (1)	to quarrel	pata (f)	heel
s + I. o + A.		pěkný, -á, -é	pretty, fine (iron.)
hlava (f)	head	plešatý, -á, -é	baldheaded
horečka (f)	fever	pokoj (m)	peace, quietness
hranice (f)	border; limit	popsat (p.) (4) + A.	to describe
hubený, -á, -é	thin, slim	porovnání (n)	comparison
chodidlo (n)	sole of the foot	postava (f)	figure
chřipka (f)	flu	povaha (f)	character, nature
jeden … druhý	one … another	poznat se (p.) (1)	get to know each o.
kampaň (f)	campaign	pracovitý, -á, -é	industrious
kapky (f pl.)	drops	prášek (m); (coll.)	powder; pill
kašel (m)	cough	prosba (f)	request
koleno (n)	knee	prst (m)	finger
krátký, -á, -é	short	přednost (f)	priority, preference
kravata (f)	tie	přejícný, -á, -é	generous
krk (m)	neck; throat	přinést (p.) (4) + D.	to bring
kudrnatý, -á, -é	curly	– A.	
kufr (m)	suitcase	pumpa (f)	pump; petrol stat.
lehnout si (p.) (4)	to lie down, to go	rameno (n)	shoulder
	to bed	recept (m)	prescription
licoměrný, -á, -é	hypocritical	rolák (m)	turtle-neck sweater
loket (m)	elbow	rovný, -á, -é	straight
masáž (f)	massage	rozsvítit (p.) (2) + A.	to switch on
měřit / z- (2) + A.	to measure	rozzlobený, -á, -é	angry
mikina (f)	sweatshirt	rýma (f)	head-cold
naštvaný, -á, -é (coll.)	annoyed, angry	řasa (f)	eye-lash
nazdar!	hello!	sako (n)	jacket
(ne)trpělivý, -á, -é	(im)patient	sebejistý, -á, -é	self-confident
nechávat / nechat (1)	to let, allow, leave	sestřička (f)	nursey
+ A.		slaboch (m)	weakling
nízký, -á, -é	low	sobecký, -á, -é	selfish

soustředěný, -á, -é	concentrated
spoléhat se (1) / spolehnout se (4) na + A.	to rely on sbd., sth.
spolehlivý, -á, -é	reliable
starost (f)	worry, trouble
statečný, -á, -é	brave
sukně (f)	skirt
šaty (m pl.)	dress
šedivý, -á, -é	grey
šikovný, -á, -é	skilful
štíhlý, -á, -é	slender
těžko (adv.)	hardly
tvář (f)	cheek; face
tvářit se (i.) (2)	to give the air of
udobřit se (p.) (2)	to make up, patch up
ucho, uši (n) (f)	ear
ujet (p.) (4)	to miss (the bus)
upřímný, -á, -é	sincere
ústa (n pl.)	mouth
ustaraný, -á, -é	worried
utéct (p.) (4): uteču	run away, escape
uzdravit se (p.) (2)	to recover
vila (f)	villa
vítat / při- (1)	to welcome
vlastnost (f)	feature, quality
vkus (m)	taste, style
vlnitý, -á, -é	wavy
vtipný, -á, -é	witty, funny
vyholený, -á, -é	clean-shaven
výraz (m)	expression
vysvětlení (n)	explanation
záda (n pl.)	back
zavazadlo (n)	baggage
závistivý, -á, -é	envious
zdatný, -á, -é	competent, fit
zdravý, -á, -é	healthy, fit, well
zhasnout (p.) (4) + A.	to switch off
zhruba	roughly, more or less

zkrátka	in short
zručný, -á, -é	handy
zvonit / za- (2)	to ring
zrzavý, -á, -é	red-headed
žárlivý, -á, -é	jealous

FRÁZE: / *PHRASES:*

být na dně	to be down
jít někomu naproti	to go to meet sb.
mít opici	to have a hangover
vzít si na sebe	to put on (dress)
vzít si s sebou	to take with
v tom případě	in that case
v žádném případě	in no case
Ale jdi!	What an idea!
Ani bych neřekl!	I don't think so!
Buď nad věcí!	Be cool about it!
Co je ti?	What's wrong with you?
Držím ti palce.	I keep my fingers crossed.
Je mi (to) líto.	I'm sorry about it.
Kam jsi dal oči?	What on earth are you on about?
Kdo je na řadě?	Who's turn is it?
Máš to u mě!	I'll repay you!
Nabídněte si!	Help yourself!
Nech mě být!	Leave me alone!
Nenech se otrávit!	Don't get annoyed!
Neber si to tak!	Don't take it like that! (in a bad way)
Nemám co na sebe!	I have nothing to dress!
Odložte si kabát!	Take off your coat!
To není nutné.	It isn't necessary.
Točí se mi hlava.	I feel dizzy.
Vítej(te)!	Welcome!

ZŮSTAT, ČI NEZŮSTAT? ▶

Jak ten čas letí... Juan je v Praze už skoro dva semestry. Seznámil se tu s Hannou, poznal novou zemi, našel si nové české i zahraniční přátele, naučil se docela dobře česky. Teď se blíží konec jeho pobytu a odjezd domů.

Juan má Prahu moc rád, a tak pořád váhá, jestli má v Praze zůstat _déle_. Pořád se nemůže rozhodnout.

„Zůstaň ještě aspoň půl roku," říkají mu přátelé. „**Kdybys zůstal**, **naučil by ses** ještě _lépe_ česky, **našel by sis** nějakou práci... **Nebyl by** to žádný problém – **mohl bys** překládat, **učil bys** španělštinu nebo angličtinu..."

To je fakt, říká si Juan: **když** zůstanu, budu moct pokračovat ve studiu, **zlepšil bych se** v češtině, najdeme si s Hannou _lepší_ ubytování. **Dali bychom** si nový inzerát...

„Vrať se!" píše mu rodina, „už se na tebe všichni moc těšíme! **Když** se vrátíš, budeme zase spolu, všechno bude jako _dřív_. **Když** se nevrátíš, bude se nám ještě _víc_ stýskat než teď!"

Fakt to není jednoduché! Taky hodně záleží na Hanně. **Kdyby si** i ona **prodloužila** pobyt... To **by bylo** skvělé, ne? Ale kdo ví, co si Hanna zase vymyslí. Opravdu to není lehké.

Uvidíme. Juan má ještě dva týdny čas.

Co **byste udělali** vy na jeho místě?

▲ blížit se – _to apprroach_ ← blízko – _near_
váhat – _to hesitate_ ← váhy – _a pair of scales_
seznámit se – _to make a p-'s acquaintance_ ← známý – _well-known, acquaintance_
říkat si – _to say in one's thoughts_
zlepšit – _to improve_ ← dobrý – lepší
vymyslet si něco – _dream up, invent_ ← myslet
prodloužit – _to lengthen, prolong_ ← dlouhý
na jeho místě – _in his place; if you were he_
mluví dobře – mluvil by lépe
má dobré ubytování – má lepší ubytování

» pokračovat v něčem – _to continue sth._
zlepšit se v něčem – _to improve sth._

■ **1. Respond (Odpovězte):**

Jak dlouho je Juan v Praze?

_____

Je v Praze spokojený? Proč?

_____

Jaký teď řeší problém?

_____

Musí se vrátit domů?

_____

Těší se Juan domů?

_____

Co mu radí přátelé?

_____

Co mu píše rodina?

_____

Co si myslí Hanna?

_____

■ **2. Respond (Odpovězte):**

Jaká jsou pro a proti?

zůstat v Praze		vrátit se domů	
pro (výhody)	proti (nevýhody)	pro (přednosti)	proti (nedostatky)

Co byste udělali vy na jeho místě: zůstali byste v Praze, nebo byste se vrátili domů? Proč?

13 KONDICIONÁL
THE CONDITIONAL

CONDITIONAL = *past participle + conditional form of "být"*

DĚLAT, DÍVAT SE

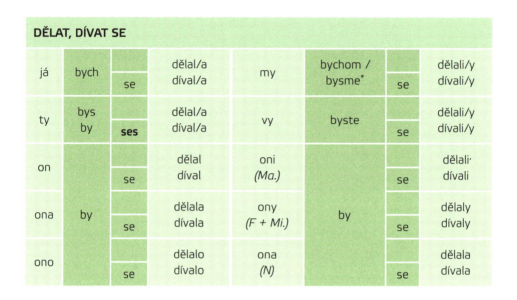

já	bych		dělal/a díval/a	my	bychom / bysme*		dělali/y dívali/y
		se				se	
ty	bys by		dělal/a díval/a	vy	byste		dělali/y dívali/y
		ses				se	
on			dělal díval	oni (Ma.)			dělali· dívali
		se				se	
ona	by		dělala dívala	ony (F + Mi.)	by		dělaly dívaly
		se				se	
ono			dělalo dívalo	ona (N)			dělala dívala
		se				se	

>> **Word order (slovosled):**

	❷	
Já	bych	dělal/a
Ráno	bych	dělal/a
Dělal/a	bych	

	❷	❸	
Já	bych	se	díval/a
Díval/a	bych	se	

>> **Negative form (zápor):**
Nedělal/a bych.
Nedíval/a bych se.

>> **2nd person sg. reflexive verb**

dívat se	→	díval/a	(bys + se)	**BY SES**
dát si	→	dal/a	(bys + si)	**BY SIS**

* my bysme – *coll. form*

200

přání *(a person's preference)*			Šel bych raději / radši domů. Vzal bych si spíš ten červený svetr.
rada a doporučení *(advice and recommendation)*			**Měli bychom** tam jít. **Měl bys** přijít včas.
zdvořilá žádost, žádost o dovolení *(polite request, asking for permission)*			Mohl bych vás o něco poprosit? Půjčil bys mi slovník, prosím tě?
nabídka *(suggestion)*			Nešla bys se mnou do kina? Jeli byste s námi na výlet?

kondicionálové věty
(conditional clauses)

reálná podmínka *(real condition)*	*If I have*	**jestli jestliže !! když !! pokud budu-li**	Jestli / jestliže / když / pokud budu mít čas, půjdu do kina. Budu-li mít čas …
potenciální nereálná podmínka *(potential condition)*	*If I had*	**kdybych mít**	Kdybych měl čas, šel bych do kina. Mít čas …

» **Otevři** okno, prosím!
Můžeš otevřít okno?
Otevřel bys okno?
Neotevřel bys okno?
Mohl bys otevřít okno?
Nemohl bys otevřít okno?

Šla bys do kina? – **Ano / Ne.**
Nešla bys do kina? – **Ano / Ne.**

■ 3. Change infinitives into the conditional (Změňte infinitivy v kondicionál):

(ty – udělat) pořádek _____?

(ty – přečíst si) tu knihu _____?

(vy – napsat) ten dopis _____?

(on – přeložit) ten článek _____?

(ona – říct) mi to _____?

(vy – zaplatit) ten účet _____?

(my – zavolat) jim večer _____?

(oni – zůstat) tady _____?

(my – pozvat) je na párty _____?

(ty – ukázat) mi ty fotky _____?

(ty – oholit se) _____?

(ty – vzít si) ten dort _____?

(my – počkat) na ně _____?

(ty – půjčit) mi peníze _____?

(vy – jít) se mnou do kina _____?

(ty – podívat – se) na ten text _____?

■ 4. Say in the conditional (Řekněte v kondicionálu):

Můžeme jít do divadla. _____

Chce se učit česky. _____

Udělám to rád. _____

Díváš se na ten film? _____

Jede na výlet. _____

Proč na ni nečekáš? _____

Nedáš si knedlíky? _____

Nemám o to zájem. _____

Zítra nemají čas. _____

Rozumí tomu? _____

■ 5. Change an imperative into advice and recommendation by using *mít* in the conditional (Změňte imperativ v radu a doporučení za použití *mít* v kondicionálu):

Nedělej to! _____

Přijďte včas! _____

Studuj víc! _____

Zůstaň tady! _____

Zavolejte domů! _____

Ať tam nechodí! _____

Ať se na to zeptá! _____

Dej mu ještě jednu šanci! _____

Odpočívejte víc! _____

Kuř míň! _____

SPOJKA KDYBY
CONJUNCTION KDYBY

já	kdybych měl/a čas	šel/šla bych do kina	kdybych se učil/a	udělal/a bych zkoušku
ty	kdybys měl/a čas	šel/šla bys do kina	**kdyby ses** učil/a	udělal/a bys zkoušku
on/ona	kdyby měl/a čas	šel/šla by do kina	kdyby se učil/a	udělal/a by zkoušku
my	kdybychom měli čas	šli bychom do kina	kdybychom se učili	udělali bychom zkoušku
vy	kdybyste měli čas	šli byste do kina	kdybyste se učili	udělali byste zkoušku
oni	kdyby měli čas	šli by do kina	kdyby se učili	udělali by zkoušku

Kdybych měla čas, šla bych do kina. A ty?

Kdyby ses víc učil, udělal bys zkoušku.
No jo! Po bitvě je každý generál.

■ **6. Make sentences using *jestli/když* and *kdyby* according to the following model (Utvořte věty s *jestli/když* a *kdyby* podle následujícího modelu):**

(já) mít slovník, přeložit ten text dobře
Jestli/když budu mít slovník, **přeložím** ten text dobře.
Kdybych měl slovník, **přeložil bych** ten text dobře.

(my) mít volno, jet na výlet
_____
_____

(oni) to vědět, říct nám to
_____
_____

(my) dostat ten dopis, odpovědět rychle
_____
_____

(já) koupit nový byt, pozvat vás na návštěvu
_____
_____

(on) dobře vyslovovat, všichni mu rozumět
_____
_____

(ty) přijít včas, koupit lístky na koncert
_____
_____

(ona) být unavená, odpočívat
_____
_____

(ty) nerozumět tomu, zeptat se
_____
_____

■ **7. Say (Řekněte):**

Co bys dělal/a, kdybys…

… být známým hercem / známou herečkou?

_____

… být milionářem / milionářkou?

_____

… nemít dost peněz?

_____

… zůstat v Praze?

_____

… ztratit cestu / zabloudit?

_____

… neudělat zkoušku?

_____

… nevědět, jak se něco řekne česky?

_____

… ztratit pas?

_____

… nemít lístek v metru a přišla by kontrola?

_____

… neumět napsat cvičení?

_____

Co bys dělal/a, kdyby

… ti ujel vlak?

_____

… ti ukradli peněženku?

_____

… tě nevzali na školu?

_____

… tě přátelé nepozvali na mejdan?

_____

… tě bolel v noci zub?

_____

… tě nechal/a kluk / holka?

_____

… ses nudil v kině?

_____

	KDYŽ → →		AŽ → ● →	
	Past	*Present*	*Future*	
KDYŽ (PŘITOM)	Když jsem se učil, pil jsem kávu.	Když se učím, piju kávu.		**WHEN** at the same time
KDYŽ / JESTLI			Když to nebudu umět, zeptám se. Když se vrátím, zavolám. = Když se nevrátím, nezavolám.	**IF**
AŽ (NAPŘED A PAK)			Až přijdu, zavolám.	**WHEN** first and then
Budeš dělat párty? Snad budu. To záleží na zkoušce. **Když** udělám zkoušku, budu dělat párty.			Kdy budeš dělat párty? **Až** udělám zkoušku.	
Pojedeš na výlet? Nevím to jistě. Záleží to na počasí. **Když** bude hezky, pojedu na výlet.			Kdy pojedeš na výlet? **Až** bude hezky.	
Půjčíš mi tu knihu? Ještě nevím. Záleží na tom, jestli ji přečtu. **Když** přečtu tu knihu, půjčím ji tobě.			Kdy mi půjčíš tu knihu? **Až** ji přečtu.	

▲ Přišel **až** kolem poledne, **až** večer, **až** včera… = teprve – *only; not before than* (Čekali jsme ho dřív!)

■ 8. Use the conjunction *až* (Použijte spojku *až*):

Přijdu domů a zavolám ti. _____

Naobědvám se a půjdu ven. _____

Napíšu úkol a půjdu do kina. _____

Rozhodnu se a řeknu ti. _____

Uvidím ho a zeptám se ho na to. _____

Zavolá mi a poděkuju mu. _____

Příště přijedu a zase se sejdeme. _____

Probudím se a vstanu. _____

Skončí přednáška a půjdu domů. _____

JE NEJVYŠŠÍ ČAS SE ROZHODNOUT!
IT'S HIGH TIME TO DECIDE!

13

VELKÝ – VĚTŠÍ – **NEJVĚTŠÍ**	MALÝ – MENŠÍ – NEJMENŠÍ
DOBRÝ – LEPŠÍ – NEJLEPŠÍ	ŠPATNÝ / zlý – HORŠÍ – NEJHORŠÍ
DLOUHÝ – D E L Š Í – N E J D E L Š Í	
VYSOKÝ – VYŠŠÍ – **NEJVYŠŠÍ**	

starý – starší, mladý – mladší, hezký – hezčí, drahý – dražší, levný – levnější

» starý hrad, stará univerzita, staré auto → **starší + nejstarší** hrad, univerzita, auto

» star**ší** + nejstar**ší** → *soft adjectives declension:* ***moderní***

» je starší **než + Nom**.: Juan je starší než Hanna.
je starší **o + Acc**.: Je starší o rok a čtyři dny.
je jednou/jedním z **nej + Gen**.: New York je jedním z největších měst.
je největší na světě: Největší město na světě je Tokio.
čím větší, **tím** lepší – *the bigger, the better:* Čím větší byt, tím dražší.
Čím je byt větší, tím je dražší.
co + **nej**větší – *as big as possible:* Chtěl bych mít co největší auto.

■ **9. Put the adjectives into the comparative**
(Dejte adjektiva v závorkách do komparativu):

Praha je (hezká) _____ než Brno.

Ubytování v hotelu je (drahé) _____ než na koleji.

Jeho auto je (dobré) _____ než moje.

Počasí je dnes (špatné) _____ než včera.

Ceny jsou teď (vysoké) _____ než minulý rok.

■ 10. Put into the comparative (Dejte do komparativu):

Karlův most (z roku 1357), Karlova univerzita (z r. 1348)
Pinkasova synagoga (z r. 1479), Staronová synagoga (z r. 1280)
Dunaj (2850 km), Amazonka (7025 km),
Eiffelova věž (321 m), Empire State Building (431 m)
Velká Británie (216 325 km^2), Madagaskar (586 588 km^2)

Karlův most není tak starý jako Karlova univerzita.

Karlova univerzita je o _____ let (stará) _____ než Karlův most.

Pinkasova synagoga není tak stará jako Staronová synagoga.

Staronová synagoga je o _____ let (stará) _____ než Pinkasova.

Dunaj není tak dlouhý jako Amazonka.

Amazonka je o _____ kilometrů (dlouhá) _____ než Dunaj.

Eiffelova věž není tak vysoká jako Empire State Building.

Empire State Building je o _____ metrů (vysoký) _____ než Eiffelova věž.

Velká Británie není tak velká jako Madagaskar.

Ostrov Madagaskar je o _____ čtverečních kilometrů (velký) _____ než

Velká Británie.

* km^2 = čtvereční kilometr

■ 11. Put into the superlative (Dejte do superlativu):

Karlova univerzita je jednou z (stará) _____ v Evropě.

Je taky jednou z (dobrá) _____?

Doufám, ale nevím to jistě. Zeptejte se Hanny a Juana.

Karlův most je jedním z (starý a hezký) _____

mostů na světě.

New York je jedním z (velký) _____ měst na světě.

(velké) _____ město na světě je Tokio.

Indie je jednou z (velký) _____ zemí na světě.

(velké) _____ země na světě jsou Rusko a Čína.

San Marino je jednou z (malý) _____ zemí na světě.

(malá) _____ stát na světě je Vatikán.

Nil je jednou z (dlouhý) _____ řek na světě.

(dlouhá) _____ řeka na světě je Amazonka.

Etna je jedním z (vysoký) _____ vrcholů v Evropě.

(vysoký) _____ vrchol v Evropě je Mont Blanc.

■ **12. Put into the comparative or superlative forms**
(Dejte do komparativu nebo do superlativu):

Můj byt je malý, ale jeho je ještě _____.

Hledám teď nějaký (velký) _____ byt.

Čím (velký) _____ byt, tím (drahý) _____. Budeš mít dost peněz?

(Logické to je, ale pravda je jiná. Stačí mít štěstí!)

Jaroslav Hašek je dobrý autor, ale Karel Čapek je podle mě _____.

Který autor je (dobrý) _____?

Její práce je špatná, ale jeho je ještě _____.

Prázdniny jsou dlouhé, ale proč nejsou ještě _____?

KOMPARACE ADVERBIÍ
COMPARISON OF ADVERBS

John je v Praze jeden měsíc. To není moc dlouho. Kate je v Praze dva měsíce. Je tu o měsíc **déle / dýl** *(coll.)* než on. Susan žije v Praze už rok. Je tu **nejdéle / nejdýl** *(coll.)* ze všech.

MNOHO / MOC	DOBŘE	DLOUHO	BRZO
VÍC(E)	**LÍP** / LÉPE**	**DÝL*** / DÉLE	DŘÍV(E)
NEJVÍC(E)	NEJLÍP / **NEJLÉPE**	NEJDÝL / NEJDÉLE	NEJDŘÍV(E)
MÁLO	ŠPATNĚ / ZLE	DALEKO	POZDĚ
MÍŇ / MÉNĚ	HŮŘ(E)	DÁL(E)	POZDĚJI
NEJMÍŇ / NEJMÉNĚ	NEJHŮŘ(E)	NEJDÁL(E)	NEJPOZDĚJI

▲ víceméně – *more or less:* Víceméně to umím.
nejdřív – a pak/potom: *first – than:* Nejdřív se musíš naučit gramatiku
a pak budeš mluvit líp česky.

» **čím** víc, **tím** líp
co **nej**víc – *as much as possible*

* coll. form
** written forms

■ **13. Put the adverbs into the comparative (Dejte adverbia do komparativu):**

Vrátíš se dneska (brzo) _____?

Opravdu je mu (špatně) _____?

Co se ti líbí (moc)   _____?

Kdo napsal ten test (dobře) _____?

Kdo bydlí (daleko) _____ od centra města než já?

Proč chce zůstat v Praze (dlouho) _____?

Opravdu máš (málo) _____ peněz než on?

Umí česky (dobře) _____ než ty.

Nemáme (moc) _____ času než vy.

Pracuje ve firmě (dlouho) _____ než ty.

Má (hodně) _____ práce než my všichni.

■ **14. Put the adjectives and adverbs into the superlative and comparative (Dejte adjektiva a adverbia do superlativu):** ▶

Co je s Peterem? Dlouho jsem ho neviděl! Jak se má, jak žije, co dělá?

No jo, Peter! Ten chtěl mít (velký) _____ byt a (dobré) _____ auto.

Chtěl mít (hodně) _____ peněz a (málo) _____ práce. Chtěl dělat (málo)

_____ chyb, chtěl (dobře) _____ mluvit česky a přitom se (málo)

_____ učit.

Zajímavé! A jak do dopadlo?

To víš, chtěl všechno a nemá nic! Teď už ví, že se nejdřív musí učit. Až bude mluvit

česky (dobře) _____ než teď, bude dělat (málo) _____ chyb a bude mít (dobrá)

_____ práci a (moc) _____ peněz. Pak může mít (velký) _____ byt a taky si

může koupit (dobré) _____ auto. Konečně pochopil, že méně je někdy více!

Ano. Lépe pozdě než nikdy!

Jistě. Všechno chce svůj čas!

Většinou je to pravda.

- -

▲   Jak to dopadlo? – *How did it turn out?*
    Lépe pozdě než nikdy. – *Better late than never.*
    Všechno chce svůj čas. – *There's a time for everything.*

- -

Juan a Hanna se rozhodli, že v Praze ještě zůstanou. Musí se tedy začít starat o prodloužení pobytu, o vízum, o nové ubytování, o stipendium, o peníze… Dali do novin několik inzerátů:

> Dva studenti nekuřáci hledají byt 2+1 nebo garsonku. Blízko metra, rozumná cena. Od 1. 10. Nabídky na telefon 728 343 433

> Rodilá mluvčí (Finka) vyučuje finštinu a angličtinu. Všechny úrovně. Zajímavá cena. Flexibilita. Značka: Snadno a rychle

> Rodilý mluvčí (Španěl) nabízí překlady z i do španělštiny a angličtiny. E-mail: juan@hotmail.cz

* @ = zavináč

■ **15. Compare Czech advertisements with adverts in your country:**
   (Porovnejte text inzerátu v Česku a u vás):

Jsou u vás inzeráty stejné, podobné, nebo jiné (odlišné)? Čím se liší?

_____

Napište podobné inzeráty:

na nový byt

_____
_____

na novou práci

_____
_____

na jiné téma (seznámení, koupě auta…)

_____

Žádost o prodloužení studijního pobytu ▶

Vážený pan
prof. PhDr. Jindřich Nový, CSc.
katedra českého jazyka
Filozofická fakulta Univerzity Karlovy
116 38   Praha 1

Vážený pane profesore,
dovolte mi, abych se na Vás obrátila se žádostí o prodloužení studijního pobytu
na FF UK o jeden semestr.
Jmenuji se Hanna Valtonen, jsem z Finska, studuji bohemistiku a nordistiku.
Zajímám se hlavně o literaturu, v Praze sbírám materiál pro svoji diplomovou práci.
Navštěvuji přednášky o české literatuře, seminář doc. Horkého o české literatuře
20. století a dr. Všetečky o poetismu a další jazykové kurzy. Spoustu materiálu už
mám, nový semestrální pobyt by mi však velmi pomohl získat ještě další znalosti
a dokumenty.
Na základě Vašeho doporučení bych měla reálnou šanci dostat půlroční stipendium
od našeho ministerstva na příští akademický rok.
Předem děkuji za pochopení a za kladné vyřízení mé žádosti.

V Praze dne 8. 6. 2014
                S pozdravem

                                Hanna Valtonen

▲   dovolte mi – *let me, please allowed me to…*
    dovolte mi, abych se obrátila na vás s prosbou – *please permit me to make*
      a request of you
    doporučit → doporučení (n) – *recommendation*; prodloužit → prodloužení (n) –
      extending
    pochopit → pochopení (n) – *understanding*; vyřídit → vyřízení (n) – *setting*
    studium – studijní (adj.)
    semestr – semestrální (adj.)
    rok – roční (adj.)

» | 3rd type Present Tense -ovat: | | |
    |---|---|---|
    | | *spoken form* | *written form* |
    | *já* | -uju: studuju | -uji: studuji |
    | *oni* | -ujou: studujou | -ují: studují |

212

1. „Zůstanu v Praze." Hanna řekla Haně, že zůstane v Praze.
   Hana jí řekla: „Fajn! **Napiš** žádost o prodloužení pobytu."
   Hana jí řekla, **aby** napsala žádost o prodloužení pobytu.

	mi	**abych**	napsal/a žádost.
	ti	**abys**	napsal/a žádost.
	mu / jí	**aby**	napsal/a žádost.
Řekla	nám	**abychom**	napsali žádost.
	vám	**abyste**	napsali žádost.
	jim	**aby**	napsali žádost.

2. Hanna řekla Haně, že neví, jak má žádost napsat.
   Chce, **aby** jí Hana pomohla. **Nechce**, **aby** tam byly chyby.
   Chce, **aby** to napsala Hana. **Prosí** ji, **aby** jí pomohla.

	já	**abych**	napsal/a žádost.
	ty	**abys**	napsal/a žádost.
Chce,	*on, ona*	**aby**	napsal/a žádost.
přeje si	*my*	**abychom**	napsali žádost.
	vy	**abyste**	napsali žádost.
	oni	**aby**	napsali žádost.

3. Hanno, proč chceš zůstat v Praze? – **Abych** byla s Juanem.
   Proč se učíš česky? – **Abych** mohla číst české knihy.
   A **aby** ses v Praze mohla dobře domluvit. – A **abych** se v Praze dobře domluvila.

Hanno, **proč** Juan chce zůstat v Praze? – **Abychom** mohli být spolu.

A **abyste** lépe poznali Českou republiku. – A **abychom** se my dva lépe poznali.

A **proč** se Peter a Jane učí česky? – Oni se učí česky, **aby** dostali kredity.

13 PROČ? – ABY...
WHY? – IN ORDER TO...

■ **16. Respond to the questions using *aby* and the answers suggested in brackets (Odpovězte na otázky a použijte při tom *aby* a nabídnuté odpovědi v závorkách):**

Proč pojedete na Moravu? (my – navštívit tam zajímavá místa)

_____

Proč opakuje gramatiku? (on – nedělat zbytečné chyby)

_____

Proč jdou do kina? (oni – vidět nový americký film)

_____

Proč čteš noviny? (já – vědět, co je nového ve světě)

_____

Proč voláš do restaurace? (já – rezervovat stůl na sobotu večer pro 6 osob)

_____

Proč odjela do Ameriky? (ona – učit tam češtinu)

_____

Proč pospícháš? (oni – nečekat na mě)

_____

Proč ti dala dárek? (ona – udělat mi radost)

_____

Proč nám volali? (oni – pozvat nás na návštěvu)

_____

Proč se dívá na televizní pořad Události, komentáře? (on – být v obraze)

_____

>>

slovosled (word order)				
❶	❷	❸	další	poslední
.... aby	mi		to ↔ ještě někdy	řekli
.... aby	mě		(o to) ↔ zase hezky	poprosili (o to)
.... aby	se	mě	(na to) ↔ znovu	zeptal (na to)

■ **17. Modify the sentences according to the following model
(Upravte věty podle následujícího vzoru):**

Udělej to!	– Řekl mi, **abych** to udělal.
Neudělám to.	– Řekl jsem, **že** to neudělám.
Mohl bys to udělat?	– Zeptal se mě, **jestli** bych to mohl udělat.
Kdy to mám udělat?	– Zeptal jsem se, **kdy** to mám udělat.

Napiš to! _____

Nenapíšu to. _____

Mohl bys to napsat? _____

Co mám napsat? _____

Přestaň kouřit! _____

Nepřestanu kouřit. _____

Mohl bys přestat kouřit? _____

Proč mám přestat kouřit? _____

Přečti si to! _____

Nepřečtu si to. _____

Mohl by sis to přečíst? _____

Co si mám přečíst? _____

Zavolej mi večer! _____

Nezavolám ti. _____

Mohl bys mi zavolat? _____

Kdy ti mám zavolat? _____

Řekni mi všechno! _____

Neřeknu ti nic. _____

Mohl bys mi říct všechno? _____

Co ti mám říct? _____

Půjč mi peníze! _____

Nepůjčím ti. _____

Mohl bys mi půjčit peníze? _____

Kolik potřebuješ? _____

* what you shout into the forest comes back to you, e.g. You get what you ask for.

215

MNOHO	*much*	CO + NEJVÍC	*as much as*

■ 18. Respond (Odpovězte):

Jaké mají plány? Co chtějí dělat?

Juan a Hanna chtějí zůstat v Praze **dlouho**.
Chtějí zůstat v Praze co _____.
A ty? Jak dlouho bys chtěl/a zůstat v Praze?

_____

Chtějí mluvit česky **dobře**.
Chtějí mluvit česky co _____.
Taky bys chtěl/a mluvit česky tak dobře jako oni?

_____

Chtějí dělat **málo** chyb.
Chtějí dělat co _____ chyb.
A kdo by chtěl dělat chyby?
Chtějí mít **hodně** českých kamarádů.
Chtějí mít co _____ českých kamarádů.
A ty? Přál/a by sis mít hodně českých kamarádů?

_____

Chtějí být **hodně** spolu.
Chtějí být co _____ spolu.
A ty? S kým bys chtěl/a být pořád spolu?

_____

Chtějí **brzy** mít nový byt.
Chtějí co _____ mít nový byt.
A ty? Potřebuješ taky byt?

_____

Chtějí cestovat někam **daleko**.
Chtějí cestovat co _____.
Jaké jsou tvoje plány? Kam bys chtěl/a jet?

_____

Držíme jim palce! Ať se jim všechna přání splní!
A vám taky!
A brzy na shledanou!
Těšíme se na vás!
Doufám, že se neloučíme na dlouho!
Mějte se a smějte se!

bitva (f)	battle	rozumný, -á, -é	reasonable
bohemistika (f)	Czech studies	řešit / vy- (2) + A.	to solve
či	or	seminář (m)	seminar
článek (m)	article	seznámení (n)	acquaintance
diplomová práce (f)	dissertation / thesis	snadno (adv.)	easily
domluvit se (p.) (2)	to make oneself	splnit (p.) (2) + A.	to fulfil, fill
	understood	šance (f)	chance
doporučení (n)	recommendation	událost (f)	event
garsonka (f)	bedsit, studio flat	ujet (p.) (4)	to get away, miss
chápat (4) /	to comprehend	úroveň (f)	level
pochopit (2) + A.		vážený, -á, -é	respected;
jednoduchý, -á, -é	simple		Dear Sir / Madam
kladný, -á, -é	positive	většinou	mostly
komentář (m)	comment	vymyslet si (p.) (2)	to invent, think up
koupě (f)	purchase	+ A.	
krást / u- (4):	to steal	vyřízení (n)	discharge
kradu + A.		vyslovovat (3) /	to pronounce,
kvalita (f)	quality	vyslovit (2)	to utter
lišit se (i.) (2) + I.	to differ	vyučovat (i.) (3) + A.	to teach
loučit se / roz- se (2)	to say goodbye	zabloudit (p.) (2)	to lose one's way
s + I.		zahraničí (n)	abroad
nabízet (2) /	to offer	zbytečný, -á, -é	useless, (in) vain
nabídnout (4)		značka (f)	symbol, sign
+ D. – A.		znalost (f)	knowledge
nedostatek (m)	lack, deficit	ztratit (p.) (2) + A.	to lose
(ne)kuřák (m)	(non-)smoker	ztratit se	to lose one's way
(ne)výhoda (f)	(dis)advantage		
na základě	on the basis of	**FRÁZE:**	**PHRASES:**
(prep. + G.)		být v obraze	to be informed
nudit se (i.) (2)	to be bored	rodilý mluvčí	native speaker
odpočívat (i.) (1)	to rest		
peněženka (f)	purse	Jak to dopadlo?	How did it turn out?
pochopení (n)	understanding	Lépe pozdě než	Better late than
porovnávat /	to compare	nikdy.	never.
porovnat (1) + A.		Po bitvě je každý	To have 20/20
s + I.		generál!	hindsight.
pořad (m)	programme	S pozdravem	Sincerely yours
prodloužit si (p.) (2)	to lengthen, extend	Všechno chce svůj	There's a time for
+ A.		čas.	everything.
přání (n)	wish, desire	Všude dobře, doma	There's no place
reálný, -á, -é	practicable, actual,	nejlépe.	like home.
	real		

7. LEKCE

Můj běžný den
Co je pro mě důležité?

8. LEKCE

Kam rád/a chodím?
Co se mi líbí / nelíbí v Praze / v mém městě? Proč?

9. LEKCE

Jak oslavuješ narozeniny?
Můj velký nákup
Jaké bydlení se ti líbí?
Rád/a bydlíš na koleji? Proč?

10. LEKCE

Popiš nějakou cestu
S cestovní kanceláří, nebo na vlastní pěst?
Film, který se mi ne/líbil

11. LEKCE

Moji příbuzní
Moje koníčky
Co mě baví a co mě nebaví?

12. LEKCE

Moji kamarádi: Jací jsou? Jak vypadají?

13. LEKCE

Jaké máš plány do budoucna?
Výhody a nevýhody studia v Praze (v zahraničí)

rod (gender)	deklinace (declension)	koncovka (ending)	příklady (examples)
M	hard a.	hard consonant / ambiguous cons.	student, kluk, bratr, Čech, pes
M	soft a.	soft consonant / + ending -tel	muž, řidič, učitel, přítel
M	hard i.	hard consonant / ambiguous cons.	papír, koncert, slovník, pas, zub, hotel
M	soft i.	soft consonant	čaj, pokoj, pomeranč, nůž
F	hard	-A	žena, holka, studentka, káva, škola
F	soft	-E / -Ě	přítelkyně, televize, ulice, sklenice
F	soft	consonant	tramvaj, kolej, postel
F	soft	consonant	noc, věc, místnost
N	hard	-O	auto, město, metro, kolo
N	soft	-E/-Ě	nebe, moře, letiště, vejce, kuře, dítě
N	soft	-Í	náměstí, nádraží, pondělí
N	hard	-UM	muzeum, centrum, vízum stipendium (soft pl.)

SOUHLÁSKY
CONSONANTS

tvrdé (hard)

H CH G K R D T N

měkké (soft)

Ž Š Č Ř Ď Ť Ň J C

obojetné (ambigous)

B F L M P S V Z

sg.	Nom.	Gen.	Dat.	Acc.	Voc.	Loc.	Instr.
Ma. hard	student	-a	-u/-ovi	= Gen.	-e/-u!	-u/-ovi	-em
Mi. hard	slovník sýr	-u -a	-u	= Nom.		-e/-ě/-u	-em
Ma. soft	muž Tomáš	-e	-i -ovi	= Gen.	-i!	-i -ovi	-em
Mi.	čaj		-i	= Nom.		-i	-em
F -a	žena	-y	-e/-ě	**-u**	-o!	-e/-ě	-ou
F -e	ulice	-e	-i	**-i**	-e!	-i	-í
F (s. cons.)	kolej	-e	-i	= Nom.		-i	-í
F (h./s. cons.)	věc	-i		= Nom.			-í
N -o	auto	-a	-u	= Nom.		-e/-ě/-u	-em
N -e	vejce	-e	-i	= Nom.		-i	-em
N -í	náměstí	-í	-í	= Nom.		-í	-ím
N -um	centrum	-a	-u	= Nom.		-u	-em

pl.	Nom.	Gen.	Dat.	Acc.	Voc.	Loc.	Instr.
Ma. hard	studenti pán**ové** turist**é**	-ů	-ům	-y	= Nom.	-ech	-y
Mi.	slovník**y**	-ů	-ům	-y	= Nom.	-ech	-y
Ma. soft	mu**ži** učitel**é**	-ů	-ům	-e		-ích	-i
Mi.	čaj**e**	-ů	-ům	-e		-ích	-i
F -a	žen**y**	-Ø	-ám	-y	= Nom	-ách	-ami
F -e	ulic**e**	-Ø	-ím	-e		-ích	-emi
F (s. cons.)	kolej**e**	-Ø	-ím	-e		-ích	-emi
F (cons.)	věc**i** děti	-í	-em	-i	= Nom	-ech	-mi
N -o (+ -UM)	aut**a** centr**a**	-Ø	-ům	-a		-ech	-y
N -e	mo**ře**	-í	-ím	-e		-ích	-i
N -í	náměst**í**	-í	-ím	-í		-ích	-ími

sg.	M + N						
Nom.	**ten**	**jeden**	**kdo**	**někdo**	**nikdo**		
	to	**jedno**					
Gen.	toho	jednoho	koho	někoho	nikoho	**-oho**	
Dat.	tomu	jednomu	komu	někomu	nikomu	**-omu**	
Acc.	*Mi.+ N* = *Nom.*		koho	někoho	nikoho		
	Ma. = *Gen.*					**-oho**	
Loc.	o tom	o jednom	o kom	o někom	o nikom	**-om**	
Instr.	tím	jedním	kým	někým	nikým	**-ím**	**-ým**

sg.	M + N						
Nom.	**náš**	**váš**	**všechen**	**co**	**něco**	**nic**	
	naše	**vaše**	**všechno**				
Gen.	našeho	vašeho	všeho	čeho	něčeho	ničeho	**-eho**
Dat.	našemu	vašemu	všemu	čemu	něčemu	ničemu	**-emu**
Acc.	*Mi. + N* = *Nom.*		= Nom.	= Nom.	= Nom	= Nom	
	Ma. = *Gen.*						**-eho**
Loc.	o našem	o vašem	o všem	o čem	o něčem	o ničem	**-em**
Instr.	naším	vaším	vším	čím	něčím	ničím	**-ím**

DEKLINACE TVRDÝCH ADJEKTIV A ZÁJMEN
DECLENSION OF HARD ADJECTIVES & PRONOUNS

sg.	M + N			F		
Nom.	dobrý, dobré	můj, mé, moje	tvůj, tvé, tvoje	dobrá	má, tvá	ta, jedna
Gen.	-ého			-é		
Dat.	-ému			-é		
Acc. Mi. + N	= Nom.			-ou		-u
Acc. Ma.	= Gen.					
Loc.	-ém			-é		
Instr.	-ým			-ou		

pl.			
Nom. Ma.	dobří, mí / moji, tví / tvoji	ti, všichni
Nom. Mi. + F	dobré, mé / moje, tvé / tvoje	ty, všechny
Nom. N	dobrá, má / moje, tvá / tvoje	ta, všechna
Gen.	-ých	těch, všech
Dat.	-ým	těm, všem
Acc. M + F	-é	ty, všechny
Acc. N	-á	ta, všechna
Loc.	-ých	těch, všech
Instr.	-ými	těmi, všemi

sg.	M + N			F		
Nom.	moderní	čí	její	moderní	čí	její
Gen.	-ího			-í		
Dat.	-ímu			-í		
Acc. Mi. + N	= Nom.			-í		
Acc. Ma.	= Gen.					
Loc.	-ím			-í		
Instr.	-ím			-í		

pl.	M + F + N		
Nom.	moderní	čí	její
Gen.	-ích		
Dat.	-ím		
Acc.	= Nom.		
Loc.	-ích		
Instr.	-ími		

sg.	F			
Nom.	moje	tvoje	naše	vaše
Gen.	-í			
Dat.	-í			
Acc.	-i			
Loc.	-í			
Instr.	-í			

Nom.	já	ty	on	ona	my	vy	oni
	Mě	Tebe	Jeho	Jí	Nás	Vás	Jich
Gen.	… mě	… tě	… ho/jej	… jí	… nás	… vás	… jich
	ode mě	od tebe	od **ně**ho/**ně**j	od **ní**	od nás	od vás	od **ni**ch
	Mně	Tobě	Jemu	Jí	Nám	Vám	Jim
Dat.	… mi	… ti	… mu	… jí	… nám	… vám	… jim
	ke mně	k tobě	k **ně**mu	k **ní**	k nám	k vám	k **ni**m
	Mě	Tebe	Jeho	Ji	Nás	Vás	Je
Acc.	… mě	… tě	… ho/jej	… ji	… nás	… vás	… je
	na mě	na tebe	na **ně**ho/**ně**j	na **ni**	na nás	na vás	na **ně**
Loc.	o m**ně**	o tobě	o **něm**	o **ní**	o nás	o vás	o **ni**ch
	mnou	tebou	jím	jí	námi	vámi	jimi
Instr.	se mnou	s tebou	s **ní**m	s **ní**	s námi	s vámi	s **ni**mi

1. Mě neznáš? 2. Neznáš mě? / Myslím, že mě nezná. 3. Díváš se na mě.

1. Tebe nezná? 2. Nezná tě? / Myslím, že tě nezná. 3. Dívá se na tebe.

Present Tense – 1st type					
SLOVESO **DĚLAT**		infinitiv: **-AT, -ÁT** **+ MÍT**			
(já)	DĚLÁM	**-ÁM**	(my)	DĚLÁME	**-ÁME**
(ty)	DĚLÁŚ	**-ÁŠ**	(vy)	DĚLÁTE	**-ÁTE**
(on)			(oni)		
(ona)	DĚLÁ	**-Á**	(ony)	DĚLAJÍ	**-AJÍ**
(ono)			(ona)		

Present Tense – 2nd type					
SLOVESO **MLUVIT**		infinitiv: **-ÍT, -ET, -ĚT** **+ SPÁT, JÍST, STÁT, BÁT SE**			
(já)	MLUVÍM	**-ÍM**	(my)	MLUVÍME	**-ÍME**
(ty)	MLUVÍŠ	**-ÍŠ**	(vy)	MLUVÍTE	**-ÍTE**
(on)			(oni)		
(ona)	MLUVÍ	**-Í**	(ony)	MLUVÍ	**-Í**
(ono)			(ona)		

Present Tense – 3rd type					
SLOVESO **STUDOVAT**		-OVAT → -UJU			
(já)	STUDUJU/I	**-UJU/-I**	(my)	STUDUJEME	**-UJEME**
(ty)	STUDUJEŠ	**-UJEŠ**	(vy)	STUDUJETE	**-UJETE**
(on)			(oni)		
(ona)	STUDUJE	**-UJE**	(ony)	STUDUJOU/Í	**-UJOU/-UJÍ**
(ono)			(ona)		

Present Tense – Irregular verbs – 4th type					
SLOVESO **JET**					
(já)	JEDU	**-U**	(my)	JEDEME	**-EME**
(ty)	JEDEŠ	**-EŠ**	(vy)	JEDETE	**-ETE**
(on)			(oni)		
(ona)	JEDE	**-E**	(ony)	JEDOU	**-OU**
(ono)			(ona)		

VERB + *GENITIVE*

bát se (pavouků): bojím se (2)   – to be afraid of (spiders)
účastnit se / z- se (kurzu) (2)   – to take part in (a course)
vážit si (profesora) (2)   – to respect (a professor)
všímat si / všimnout si (detailů) (1) / (4)   – to take notice of (details)

VERB + DO + *Gen.*

zamilovat se **do** (Juana) (3)   – to fall in love with (Juan)

VERB + Z + *Gen.* + *Acc.*

dělat si / u- si **z** (kamaráda) (legraci) (1)   – to make fun of (a friend)

VERB + Z + *Gen.* + DO + *Gen.*

překládat / přeložit **z** (angličtiny)   – to translate from (English) into (Czech)
do (češtiny) (1) / (2)

VERB + OD 👤 + *Gen.* + *Acc.*

půjčovat si / půjčit si **od** (bratra)   – to borrow (a car) from (one's brother)
(auto) (3) / (2)

VERB + *GENITIVE* 👤 + NA + *Acc.*

ptát se / zeptat se (učitele) **na**   – to ask (a teacher) about (grammar)
(gramatiku) (1)

VERB + *DATIVE*

blížit se / při- se (k) (moři) (2)	– to approach (the sea)
divit se / po- se (tomu nápadu) (2)	– to wonder at,
	– be surprised by (that idea)
fandit (Spartě) (2)	– to support (Sparta)
podobat se (mamince) (1)	– to resemble (one's mum)
pomáhat / pomoct (příteli) (1) / (4): pomůžu	– to help (a friend)
radit / po- (kolegovi) (2)	– to advise (a colleague)
rozumět / po- (něčemu) (2)	– to understand (sth.)
smát se / za- se (vtipu) (4): směju se	– to laugh at (a joke)
telefonovat / za- (kamarádce) (3)	– to phone (a friend)
věřit / u- (všemu) (2)	– to believe (everything)
volat / za- (přítelkyni) (1)	– to call, phone (a girlfriend)

VERB + *DATIVE* + *ACCUSATIVE*

doporučovat / doporučit (příteli knihu) (3) / (2)	– to recommend (a book to a friend)
držet / po- (někomu místo) (2)	– to hold (a place for somebody)
krást / u- (někomu peníze) (4): kradu / ukradnu	– to steal (money from sbd.)
kupovat / koupit (kamarádce dárek) (3) / (2)	– to buy (a gift for a friend)
nabízet / nabídnout (zákazníkovi byt) (2) / (4)	– to offer (a flat to a client)
odpouštět / odpustit (někomu chybu) (2)	– to forgive (someone's guilt)
posílat / poslat (příteli pohled) (1) / (4): pošlu	– to send (a postcard to a boyfriend)
psát / napsat (rodičům dopis) (4)	– to write (a letter to one's parents)
přát / po- (někomu vše nejlepší) (4)	– to wish (sbd. all the best)
půjčovat / půjčit (bratrovi peníze) (3) / (2)	– to lend (money to one's brother)
říkat / říct (někomu pravdu) (1) / (4)	– to tell (sbd. the truth)
ukazovat / ukázat (kamarádovi fotky) (3) / (4)	– to show (photos to a friend)
vyřizovat / vyřídit (kamarádce vzkaz) (3) / (2)	– to convey (a message to a friend)
vysvětlovat / vysvětlit (někomu problém) (3) / (2)	– to explain (a problem to sbd.)
závidět (někomu úspěch) (2)	– to envy (sbd.'s success)

VERB + *DATIVE* + K + *Dat.*

blahopřát / po- (příteli) **k** (svatbě) (4) — *to congratulate (a friend) on (his wedding)*

VERB + *DATIVE* + ZA + *Acc.*

děkovat / po- (kamarádce) **za** (všechno) (3) — *to thank (a friend) for (everything)*

„non-personal" DATIVE

hodí se mi (termín schůzky) — *it suits me (the date)*
chutná mi (jídlo) — *I like the taste (of a food)*
chybí mi (domov) — *I miss (home)*
je mi (dobře) — *I am (fine)*
líbí se mi (ten film) — *I like (the movie)*
patří mi (ten slovník) — *(the dictionery) belongs to me*
sluší mi (ta barva) — *(that colour) suits me*
stačí mi (jídlo, pití) — *I have had enough*
stýská se mi (po + *Loc.:* domově) — *I miss sth. (I'm homesick)*
točí se mi (hlava) — *I feel dizzy*
vadí mi (hluk) — *(the noise) bothers me*
vyhovuje mi (váš návrh) — *(your suggestion) is convenient for me*
zdá se mi (že je to pravda) — *it seems to me (that it's true)*
záleží mi (na + *Loc.:* kamarádovi) — *I care about (a friend)*

VERB + *ACCUSATIVE*

brát / vzít (knihu) (4): beru / vezmu	– *to take (a book)*
dostávat / dostat (zprávu) (1) / (4)	– *to get, receive (a message)*
chápat / pochopit (tvoji situaci) (4) / (2)	– *to understand, comprehend (your situation)*
líbat / políbit (dívku) (1) / (2)	– *to kiss (a girl)*
mýt se / u- se (4)	– *to wash oneself*
mýt si / u- si (ruce) (4)	– *to wash (one's hands)*
nacházet / najít (práci) (2) / (4)	– *to find (a job)*
navštěvovat / navštívit (zámek) (3) / (2)	– *to visit (a castle)*
nechávat / nechat (vzkaz) (1)	– *to leave (a message)*
objednávat se / objednat se (u doktora) (1)	– *to make an appointment (at a doctor)*
objednávat / objednat si (jídlo) (1)	– *to order (a dish)*
oblékat se / obléct se (1) / (4): obleču se	– *to dress oneself*
oblékat si / obléct si (kabát) (1) / (4)	– *to put on (a coat)*
ochutnávat / ochutnat (zmrzlinu) (1)	– *to taste (an ice cream)*
opakovat / z- (nová slovíčka) (3)	– *to revise/review (new vocabulary)*
pamatovat si / za- si (jméno) (3)	– *to remember (a name)*
péct / u- (maso) (4): peču	– *to roast (a meat)*
potkávat / potkat (souseda; se) (1)	– *to meet (a neighbour; each other) accidentally*
používat / použít (slovník) (1) / (4)	– *to use (a dictionary)*
poznávat / poznat (svět) (1)	– *to recognise, to get to know (the world)*
poznávat se / poznat se (1)	– *to get to know each other, to meet*
prát / vyprat (svetr) (4): peru	– *to wash (a sweater)*
prodlužovat si / prodloužit si (vízum) (3) / (2)	– *to prolong (a visa)*
prohlížet si / prohlédnout si (obrazy) (2) / (4)	– *to look through (pictures)*
představovat si / představit si (mír) (3) / (2)	– *to imagine (peace)*
překládat / přeložit (článek) (1) / (2)	– *to translate (an article)*
připravovat / připravit (večeři) (3) / (2)	– *to prepare (dinner)*
rozsvěcet / rozsvítit (světlo) (2)	– *to turn on (a light)*
řešit / vy- (problém) (2)	– *to (re)solve (a problem)*
sbírat (známky) (1)	– *to collect (stamps)*
skládat / složit (skladbu) (1) / (2)	– *to compose (a piece of music)*
slyšet / u- (hudbu) (2)	– *to hear (music)*
stavět / postavit (dům) (2)	– *to build (a house)*
točit / na- (film) (2)	– *to shoot, make (a movie)*
trávit / s- (volný čas) (2)	– *to spend (free time)*
vítat / při- (návštěvu) (2)	– *to welcome (guests)*

vymýšlet si / vymyslet si (všechno) (2)	– *to invent, make up (evth.)*
vypínat / vypnout (televizi) (1) / (4): vypnu	– *to switch off (the tv)*
zapínat / zapnout (pračku) (1) / (4): zapnu	– *to switch on (the washing machine)*
zapomínat / zapomenout (všechno) (1) / (4)	– *to forget (everything)*
zhasínat / zhasnout (světlo) (1) / (4)	– *tu turn off (a light)*
získávat / získat (čas) (1)	– *to gain (time)*
zkoušet / zkusit si (boty) (2)	– *to try on (shoes)*
ztrácet / ztratit (nervy), (čas) (2)	– *to lose (one's nerve), to waste (time)*

VERB + NA + *Acc.*

kašlat / vy- se **na** (tu práci) (4) *(coll.)*	– *not to care a bit for (that work), not to give a damn about sth.*
mračit se / za- se **na** (kamaráda) (2)	– *to frown at (a friend)*
odpovídat / odpovědět **na** (otázku) (1) / (2)	– *to answer (the question)*
pamatovat se **na** (toho pána) (3)	– *to remember (that man)*
soustřeďovat se / soustředit se **na** (práci) (3) / (2)	– *to concentrate (on work)*
spoléhat (se) / spolehnout se **na** (přítele)	– *to rely on (a friend)*
usmívat se / usmát se **na** (dívku) (1) / (4)	– *to smile at (a girl)*
volat / za- **na** (kamaráda) (1)	– *to call (a friend)*
zapomínat / zapomenout **na** (povinnosti) (1) / (4)	– *to forget (one's duties)*
zlobit se / roz- se **na** (přítele) (2)	– *to be angry with (a friend)*
zvonit / za- **na** (souseda) (2)	– *to ring at (a neighbour)*
zvykat si / zvyknout si **na** (kolej) (1) / (4)	– *to get used to (halls of residence)*

VERB + *ACCUSATIVE* + NA + *Acc.*

šetřit / u- (peníze) **na** (auto)	– *to save (money) for (a car)*
zvat / po- (někoho) **na** (párty)	– *to invite (sbd.) to (a party)*

VERB + O + *Acc.*

starat se / po- se **o** (všechno) (1)	– *to look after, take care of (everything)*
zajímat se **o** (literaturu)	– *to be interested in (literature)*

VERB + *ACCUSATIVE* 👤 + O + *Acc.*

prosit / po- (někoho) **o** (něco) (2)	– *to request, to ask (sbd.) for (help)*
žádat / po- (někoho) **o** (pomoc) (1)	

VERB + ZA + *Acc.*

platit / za- **za** (byt)	– *to pay for (a flat)*
vdávat se / vdát se **za** (Juana) (1)	– *to marry (Juan)*

„non-personal" *ACCUSATIVE*

bavit / po-: baví mě (ta kniha) (2)	– *I am enjoying (this book)*
bolet / roz-: bolí mě (v krku) (2)	– *I have a sore throat*
mrzet / za-: mrzí mě (to) (2)	– *I'm sorry (to hear that)*
napadat / napadnout: napadlo mě, že… (1) / (4)	– *it crossed my mind that…*
nudit: nudí mě (ten film) (2)	– *(the movie) bores me*
těšit / po-: těší mě (zpráva) (2)	– *I take a pleasure in (this message)*
zajímat: zajímá mě (spousta věcí) (1)	– *I am interested in (many things)*

VERB + NA + *Loc.*

domlouvat se / domluvit se **na** (schůzce) (1) / (2) – *to arrange, to agree on (a meeting)*

záležet **na** (situaci) (2) – *to depend on (the situation)*
záviset **na** (rodičích) (2) – *to depend, be dependent on (one's parents)*

VERB + O + *Loc.*

bavit se **o** (dovolené) (2) – *to talk about (holidays)*
mluvit **o** (zkoušce) (2) – *to speak, talk about (an exam)*
myslet (si) **o** (něm) (2) – *to think about (him)*
pochybovat **o** (jeho slovech) (3) – *to doubt (sbd.'s word)*
přemýšlet **o** (knize) (2) – *to think about, consider (a book)*
vědět **o** (riziku) (2) – *to be aware of (a risk)*

VERB + PO + *Loc.*

toužit **po** (lásce) (2) – *to long for (love)*

VERB + V + *Loc.*

pokračovat **ve** (studiu) (3) – *to continue (one's study)*
zlepšovat se / zlepšit se **v** (češtině) (3) / (2) – *to improve (one's Czech)*

VERB + *INSTRUMENTAL*

být (učitelem)	– *to be (a teacher)*
lišit se (barvou) (2)	– *to differ in (colour)*
stát se (překladatelem) (4): stanu se	– *to become (a translator)*

VERB + S + *Instr.*

bavit se **s** (někým) (2)	– *to talk to (sbd.)*
domlouvat se / domluvit se **s** (kamarádem) (1) / (2)	– *to reach an agreement with (one's friend)*
hádat se / po- se **se** (sousedem)	– *to quarrel with (a neighbour)*
kamarádit se / s- se **s** (někým) (2)	– *to be / become friends with (sbd.)*
loučit se / roz- se **s** (kamarádem) (2)	– *to say goodbye to (a friend)*
mluvit **s** (panem ředitelem) (2)	– *to talk to (the director)*
počítat **s** (vámi) (1)	– *to count on (you)*
prohrávat / prohrát **se** (Spartou) (1) / (4)	– *to lose to (Sparta)*
rozvádět se / rozvést se s (manželem) (2) / (4)	– *to divorce (a husband)*
setkávat se / setkat se **s** (kamarádem) (1)	– *to meet (a friend)*
scházet se / sejít se **s** (přítelem) (2) / (4)	– *to meet (a friend)*
seznamovat se / seznámit se **s** (hercem) (3) / (2)	– *to make the acquaintance of (an actor)*
souhlasit **s** (plánem) (2)	– *to agree with (a plan)*
ženit se / o- se **s** (Hannou) (2)	– *to get married to (Hanna)*

VERB + NAD + *Instr.*

vyhrávat / vyhrát **nad** (Spartou) (1) / (4)	– *to win, beat (Sparta)*

BÝT + ADJECTIVE + *INSTRUMENTAL*

být překvapený (dárkem)	– *to be surprised by (a gift)*
být známý (krásou)	– *to be well-known for (beauty)*

BÝT + ADJECTIVE + S + *Instr.*

být spokojený **s** (pobytem)	– *to be satisfied with (one's stay)*

K	→	C	→	Č
ruka		ruce		příruční zavazadlo
pták		ptáci		ptačí chřipka
plakat				pláč
měkký		měkce		měkčí
trošku				trošičku
člověk				člověče

H (G)	→	Z	→	Ž
Praha		v Praze		pražské metro
vrah		vrazi		vražda
sníh				sněžit
drahý		draze		dražší
lhát				lže
Bůh				Bože
Olga		o Olze		Olžin
dobrodruh				dobrodružství

CH	→	Š
sprcha		ve sprše
břicho		v břiše
trochu		trošku
míchat		míšenec

R	→	Ř
sestra		o sestře
bratr		bratři
Petr		Petře

Ů	→	O	OU	→	U	Í	→	Ě
dům		domy	kouřit		kuřák	vítr		ve větru
sůl		trochu soli	koupit		kupovat	sníh		ve sněhu

Česká republika se nachází (leží) ve střední Evropě. Není to ani malý, ani velký stát. Její rozloha je 78 864 km². V České republice žije asi 10,3 milionů obyvatel. Svou rozlohou je mezi evropskými státy na 21. místě, počtem obyvatel na 12. místě a hustotou zalidnění (130 obyvatel na 1 km²) na 13. místě v Evropě. Skládá se ze tří historických částí: Čech, Moravy a Slezska.

Sousedí (hraničí) se Slovenskem na jihovýchodě, Rakouskem na jihu, Polskem na severovýchodě a Německem na severozápadě a jihozápadě.

Většinu území a také hranice tvoří kopce a hory. Na severu Čech jsou Krkonoše s nejvyšším vrcholem Sněžkou (1602 metrů nad mořem – m n. m.), dále Jizerské a Krušné hory, na jihu je Šumava. Nejznámější hory na Moravě jsou Jeseníky a Beskydy.

Podél řek se nacházejí nížiny. Územím ČR prochází hlavní evropské rozvodí, které odděluje povodí Severního, Baltského a Černého moře. Největší česká řeka Vltava (433 km) je přítokem řeky Labe, která dále teče přes Německo do Severního moře. Největší moravská řeka Morava je přítokem Dunaje, který pak teče do Černého moře. Odra, důležitá evropská řeka, pramení v České republice a teče dále přes celé Polsko až do Baltského moře.

Pro většinu území ČR je charakteristický mírný oceánský typ podnebí.

Z celkové rozlohy území leží 67 % v nadmořské výšce do 500 m, 32 % ve výšce mezi 500 až 1000 m n. m. a pouze 1 % území ve výšce nad 1000 m n. m.

Největšími městy jsou hlavní město Praha, Brno, Ostrava a Olomouc.

▲ nacházet se – *be located/ situated*
rozloha – *area*
hustota zalidnění – *density of population*
skládat se z – *to consist of*
sousedit / hraničit s – *to border on*
hranice – *border*
tvořit – *to form*
vrchol – *peak, top*
nížina – *lowland*
pouze – *only*

území – *area, territory*
rozvodí – *divide, watershed*
povodí – *catchment*
oddělovat – *to divide, separate*
přítok – *tributary*
téct – *to flow, stream*
pramenit – *to start, rise*
podnebí – *climate*
výška – *height*
nadmořská výška – *height above sea level*

Poloha v Evropě:

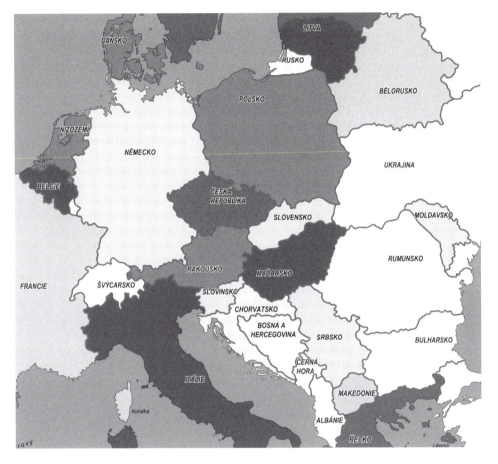

1. leden	– Den obnovení samostatného českého státu (1. 1. 1993)
	– Nový rok
na jaře	– Velikonoční pondělí (pohyblivý svátek)
1. květen	– Svátek práce
8. květen	– Den osvobození (konec druhé světové války)
5. červenec	– Den slovanských věrozvěstů Cyrila a Metoděje
6. červenec	– Den upálení mistra Jana Husa
28. září	– Den české státnosti
	(sv. Václav, patron českých zemí, ? 907 – 28. 9. 929/935)
28. říjen	– Den vzniku samostatného československého státu (28. 10. 1918)
17. listopad	– Den boje za svobodu a demokracii
	(17. 11. 1989 – Sametová revoluce)
24. prosinec	– Štědrý den
25. prosinec	– první svátek vánoční
26. prosinec	– druhý svátek vánoční (sv. Štěpán)

Které jsou svátky ve vaší zemi?

▲   státní svátek – svátky: na svátky, Hezké svátky!
svátek: Dnes má svátek Jan. Všechno nejlepší k svátku!
nový → obnovit – *to reestablish*, obnovení – *restoration*
samostatný – *independent*
svoboda → osvobodit – *to liberate, free*, osvobození – *liberation*
věrozvěst – *missionary*
pálit, u-, – *to burn* → upálení – *stake*
stát → státnost – *statehood*
vznik – *establishment, origin*
boj – *fight*
samet – *velvet*
štědrý – *generous;* Štědrý večer – *Christmas Eve*

ČERNÉ OČI

česká

Čer - né o - či jdě - te spát, čer - né o - či

jdě - te spát však mu - sí - te rá - no vstát,

však mu - sí - te rá - no vstát.

2. Ráno, ráno, raníčko,
   Dřív než vyjde sluníčko.

však – *however*

3. Už sluníčko vychází,
   Má milá se prochází.

KOLIK JE NA SVĚTĚ

Text: Jan Vodňanský
Hudba: Petr Skoumal

Ko-lik je na svě-tě o-čí
Ko-lik je na svě-tě mo-ří

ko-lik je na svě-tě snů,
ko-lik je na svě-tě řek,

Ko-lik se ko-le-ček to-čí,
Ko-lik je smutků a ho-ří,

ko-lik je no-cí a dnů
ko-lik je roz-li-tých mlék?

To-ho i to-ho je mno-ho,
To-ho i to-ho je mno-ho,

li-dí a vě-cí a jmen,
to-ho i to-ho je moc,

je-di-ně slun-ce je jed-no,
je-di-ně slun-ce je jed-no,

a to když vyj-de je den.
a to když zaj-de je noc.

sen (m) – *dream*
kolečko (n) – *small wheel, gear*
jedině – *only*
smutek (m) – *sadness*
hoře (f) – *grief, woe*
rozlité mléko – *spilt milk*

LEKCE 7

3. nesmím: jíst // pít // jezdit // být/zůstat

6. Nevím, co mám číst. Nevím, kam mám jet. Nevím, kam mám jít. Nevím, kde mám bydlet. Nevím, co mám studovat. Nevím, co si mám dát k jídlu. Nevím, co si mám dát k pití.

8. 8.13/20.13, 8.47/20.47, 9.53/21.53, 10.12/22.12, 3.41/15.41

11. nevěděli jsme; jste viděli // díval/a ses; nedíval/a jsem se // jste se učili; učili jsme se // věděl/a jsi; jsem nevěděl/a // nemusel // plánoval/a jsi // oblékala se // těšil/a jsem se // lyžovali jste // hrál/a jsem // ptala jsem se // ses zajímal/a; jsem se zajímal/a // ses myl/a

12. Jak často jsi volal/a domů? Čekal/a/i jste na kamarády? Hledali nový byt. Věděl/a jsi to? Vařili jsme večeři. Myslel/a/i to dobře. Museli jsme jít. Kde jste bydlel/a/i? Potřeboval/a/i jste něco? Jeli jsme do Německa. Rád jsem cestoval. Pracovali celý den. Výtah nefungoval. Pršelo celý den. Viděl/a jsi dobře? Rozuměl/a jsi? Dívali se na katalog? Zajímal/a ses o historii? To stačilo. Díval/a ses večer na televizi? Mluvili jsme dobře anglicky. Jak dlouho ses učil/a česky? Doufám, že jsi nekouřil/a. Na co ses ptal/a? Proč ses o to zajímal/a? Na koho ses těšil/a? Na co jste myslel/a/i? Co jsi dělal/a o víkendu? Nerada jsem poslouchala džez. Kde jste bydlel/a/i? Kam jsi cestoval/a? Jak se jmenovala vaše kočka? Proč jsi to potřeboval/a vědět? Proč jsme tam museli jít? Nesměl/a/i jste to dělat!

13. vstávala // sprchovala se, myla si; čistila si // cvičila // snídala // spěchala // čekala // nechodil // věděla; se nezlobila // myslela; těšila se // viděla // byl; nebyl; se líbil // obědvali // trávili // dívali se // byl; museli // byli // připravovala // večeřeli; pili // byl; si myslel; večeřel; pil // nesnášel

15. vás // na něho // pro nás // jeho // na mě // je // na ně // na ni // ji // tebe // tě; tebe // mě // tě; na tebe // ho; na něho // ji; na ni // je; na ně

16. na ni // na něho // na ně // ho // na ni // na ně

17. ho; ji; ho; je // ho; ji; je // ho; ji; ho // na něj; na ni; na něj // o něj; o ni; o něj // na něj; na ni; na něj; na ně // na něho; na ni; na ně; na ně // na něj; na ni; na něj; na ně

18. zajímá tě // zajímá ho // zajímá ji // zajímá nás // zajímá vás // nezajímá je

20. těší ho // těší ji // těší nás // taky vás to těší // těší je

21. mrzí mě: že jsi platil pokutu // že jsi byl nemocný // že už nemáš peníze // že jsi na mě čekal dlouho // musíš bydlet na koleji // tě to už nezajímá

22. tvého; nového; mého; nového // tvého; mě // tvého; ho // vašeho // tvého; o něho // tvoji (tvou); novou; moji (mou); novou // tvoji (tvou); mě // tvoji (tvou); ji // vaši // tvoji/ tvou; o ni

23. dobrého // našeho; nového // nové; tvoje/tvé; nové // tvoje/tvé; velké // dobrou // naši; novou // tvoji/tvou; dobrou

27. nepotřebuju nic // nehledám nic // nechci nikam // nechci nic // není nikdo // neznám nikoho // nemám žádné peníze // nemá žádnou přítelkyni // nikdy nemám // nemám žádný problém // nikde nemají // nikdy nevolám // nemám žádný slovník // nikdo nemá rád // nebyl žádný student

29. nějak // někde // někdy // někam // někde

30. 1 – h); 2 – c); 3 – f); 4 – d); 5 – a); 6 – e); 7 – l); 8 – i); 9 – g); 10 – b); 11 – j); 12 – k); 13 – m)

LEKCE 8

3. šel/šla jsi // jsem nešel/nešla; měl/a jsem // jsem šel/šla // byl; byl // jste byli; jsme nebyli // bylo; byl // bylo; jsem zapomněl/a // četl; učil se; psal // nejedl; měl // chtěl; neměla // měl; byl // pili // jsem byl/a; nemohl/a jsem // nemohl/a jsem; jsem pil/a; spal/a jsem // chtěl jsi // jsem řekl // jsi zapomněl // nezapomněl jsem // začal // neměl/a jsem; nečetl/a jsem

4. včera: jsem chtěl/a studovat (ale nemohl/a jsem), protože jsem byl/a unavený/á // jsem chtěl/a jít na procházku, protože venku pršelo // jsem chtěl/a jít do kina, ale šel/šla jsem na procházku // jsem chtěl/a začít psát román, ale neměl/a jsem tužku // jsem chtěl/a odpočívat celý den, ale psal/a jsem cvičení // jsem si chtěl/a dát polévku, ale jedl/a jsem zmrzlinu // jsem chtěl/a navštívit kamarády, ale nebyli doma // jsem chtěl/a číst noviny, ale četl/a jsem zajímavou knížku

5. šli; půjdou // šli jsme; půjdeme // šli jste; půjdete // šel/šla jsem; půjdu // šli jsme; půjdeme // nešli; nepůjdou // šla; půjde // šel; půjde // jsme jeli; pojedeme // jeli; pojedou // jsi jel/a; pojedeš // jeli; pojedou // jela; pojede // jel; pojede // letěl/a; poletí // neletěli; nepoletí // jeli; pojedou

6. často...; zítra // kdy/jak často; dvakrát; příští rok/semestr // dnes večer...; často... // často; dvakrát... // zítra...; často // tuto zimu...; rád/a... // včera // vždy...; nikdy // vždy...; teď...; dnes // za pět minut // jak často // několikrát...

7. půjdete; jít; chodíte; jsme šli; půjdeme // pojedeš; nepojedu; jet; jsi jel; jezdím; jezdíš; jezdit // chodím; budeš chodit; nebudu chodit; pojedu; budu chodit; jsi chodil // jsem šel/šla; půjdu; chodit

9. z: New Yorku, Madridu, Bruselu, Hongkongu, Nového Zélandu, Vietnamu // Říma, Berlína, Londýna, Krakova, Mnichova, Berouna // Prahy, Barcelony, Moskvy, České republiky, Ameriky, Číny // Vídně, Paříže, Telče, Itálie, Francie, Indie // Osla, Brna, Chicaga, Německa, Holandska, Španělska

10. hlavního města: Belgie – Bruselu, Maďarska – Budapešti, Rakouska – Vídně, Itálie – Říma, Litvy – Vilniusu, Německa – Berlína, Japonska – Tokia, Portugalska – Lisabonu

11. obraz Pabla Picassa, román Fjodora M. Dostojevského, román Johna Ronalda Tolkiena, film Miloše Formana, román Franze Kafky, knížka Bohumila Hrabala, román Milana Kundery, román Jaroslava Haška, opera Antonína Dvořáka, píseň Johna Lennona

12. od: Karla Čapka, Jiřího Menzela, Bedřicha Smetany, Madonny, Václava Havla, Shakespeara, Petrarky, Ernesta Hemingwaye, Emily Bronteové, Karla Gotta

13. do: nového baru, džezového klubu, obchodního domu, jazykové školy, první lékárny, Státní opery, starého kina, Stavovského divadla, Národního muzea, čínské restaurace, moderní nemocnice, drahého obchodu, luxusního hotelu, velkého supermarketu, zoologické zahrady, Národní knihovny, dobré hospody, druhého patra, pražského metra, nedalekého centra, Národní galerie, nové drogerie

14. blízko: základní školy, Komerční banky, velkého parku, zimního stadionu, malého obchodu, Václavského náměstí, Národního divadla, filozofické fakulty, hlavního nádraží, nového hotelu, staré nemocnice, koleje Komenského

15. u: baru, parku, kavárny Slavia, školy, Komerční banky, zoologické zahrady, Národní galerie, kina Světozor, muzea, Rudolfina // v: jednu hodinu, dvě hodiny, sedm hodin, tři čtvrtě na devět, čtvrt na jedenáct, půl šesté, půl třetí, půl desáté, půl čtvrté, tři čtvrtě na pět

16. bez // do // bez // u; u // u // ze; z // z // z // z // vedle // blízko // vedle/u // blízko // blízko/vedle // blízko/vedle // od // do // bez // do // z; od // do; od; do // z // u // od // u/blízko/nedaleko od // u // do; bez // z // podle // podle

17. bojím se: tvého psa, pana profesora, pana vrátného, jejího manžela, jeho kočky, kamarádky Hany, přísné učitelky, naší babičky, paní vrátné, našeho učitele, jejich ředitele, nebojím se nikoho // bojím se: zkoušky, špatné známky, tmy, války, bouřky, češtiny, nebojím se ničeho

18. kávu bez cukru, čaj bez citronu, kolu bez ledu, dort bez šlehačky, chleba bez másla, párek bez hořčice, polévku bez mrkve, vejce bez soli, maso bez pepře, mléko bez kávy, zeleninu bez dresinku, maso bez omáčky

19. a) o; do; podle; z // v; kolem; v // v; do; na // v; v // bez; b) do // do // kromě; c) od; z; do; u; na; do; na; d) na; na; na; u; v; v; e) do; od; do; během; do; na; do; pro; f) od/pro; u/blízko; na; na; z; bez; do; na; kolem; o; vedle

20. od něho, bez ní, na něho, na něho, pro něho, u něho // od ní, bez něho, na ni, na ni, pro ni, u ní

21. vás/vaší kolegyně // jeho/jeho spolubydlícího // jí // její spolubydlící // jich/jejich spolubydlících

22. do ní // bez něho // pro ně // jí // ho

24. půl kila hovězího masa // kilo vepřového masa // 30 deka šunky // půl kila balkánského sýra // hodně zeleniny // ovoce // dvě kila hroznového vína // trochu petržele // svazek cibulky // kilo cibule // dost mrkve // dva litry oleje // půl kila másla // hodně pečiva a chleba // kilo cukru // hodně minerální vody // světlého piva // tmavého piva // dost becherovky // dvě láhve šampaňského // trochu džusu // láhev vodky // hodně červeného a bílého vína

25. půl(ku): párku, dortu, džusu, banánu, citronu, chleba, knedlíku, oříšku, pomeranče, koláče, housky, maliny, jahody, švestky, hrušky, okurky, ředkvičky, mrkve, jablka, vejce

26. 1 – j, 2 – c, 3 – f, 4 – k, 5 – b/i, 6 – g, 7 – b, 8 – d, 9 – a, 10 – e, 11 – h

27. mnoho/nic nového; něco dobrého, nic studeného, něco lehkého, nic těžkého; něco zajímavého, nic nudného; něco hezkého, nic hrozného; něco veselého, nic smutného; někoho sympatického, nikoho nesympatického; něco dobrého/sladkého; někoho milého, nikoho nepříjemného; něco/nic důležitého; něco takového, nic jiného

31. do; na // do // na // na // na // na; do // o; na // na; do // na // v; na // do/na // na; do

LEKCE 9

2. hodně čokoládových dortů, tvarohových koláčů, houskových knedlíků, různých omáček, pečených kachen, grilovaných ryb, sýrových talířů, šunkových chlebíčků, červených paprik, čerstvých okurek, červených fazolí // krabic pomerančového džusu, litrů červeného vína a vodky, lahví minerální vody a piva // moc lidí a přátel, kamarádů a kamarádek, pár Španělů a Španělek, Finů a Finek, Čechů a Češek, Američanů a Američanek, Angličanů a Angličanek, Němců a Němek

3. ho // jich // jich // u nich // bez ní // vedle něho

4. obchodních domů, luxusních obchodů, velkých supermarketů, starých kostelů, sportovních stadionů, džezových klubů, levných hospod, zastávek tramvají, cizích bank, drahých restaurací, hezkých galerií, studentských kolejí, malých věží, koncertních síní, úzkých ulic, starých aut, vlakových nádraží

5. starých hradů, romantických zámků, krásných lesů, velkých parků, barokních paláců, laskavých lidí, malých rybníků, špinavých řek, starých univerzit, ošklivých žen, levných hospod, krásných holek, velkých knihoven, telefonních budek, širokých ulic, drahých restaurací, nových galerií, hezkých měst, dobrých divadel, historických náměstí, moderních nádraží

6. kilo: banánů, pomerančů, citronů, ořechů, grepů, jahod, brambor, mandarinek, meruněk, hrušek, třešní, jablek

7. do: Čech, Domažlic, Litoměřic, Teplic, Prachatic, Českých Budějovic, Moravských Budějovic, Karlových Varů, Vysokých Tater, Nízkých Tater, Lužických hor, Jizerských hor, Bílých Karpat, Západních Alp, Východních Alp, Krkonoš, Helsinek, Atén, Benátek, Benátek nad Jizerou

8. jednoho; jednoho; žádného; dva/tři/čtyři; pět/několik… // jednu; jednu; žádnou; dvě/tři/čtyři; hodně/málo… // jedno; jedno; žádné; dvě/tři/čtyři; hodně… atd.

9. studuje/studovalo/studentů // je/bylo/počítačů // pracuje/pracovalo/úředníků // je/bylo/pekáren // není/nebylo/lékáren a čistíren // žije/žilo/lidí // hraje/hrálo/známých herců a hereček // jezdí/jezdilo/turistů // je/bylo/zajímavých věcí // bydlí/bydlelo/mých kamarádů // je/bylo/studených dní

11. uvařím // napíšu // nenapíšu; nebudu mít // zaplatí // umyje; neoholí se // skončí // ochutnáš // naobědváme se // zeptáš se // vypiješ // sním // budeš chtít dát // podíváš se // pozvou // pozve; půjdu // počkám; půjdu // naučím se // si zapamatuju

12. budeš dělat // budeš vařit // budeš se dívat // bude se učit // bude studovat // budou vstávat // budeš číst // budu kupovat // se budu muset učit // budou pracovat

14. si dáš // dám si // si koupíš // koupím si // domluvíte se // domluvíme se // se vrátíš // vrátím se // si koupí // připraví // pomůže // vstane // zůstane // zvykne si // začne // navštívíme // dostanu

16. nemohl/a jsem si zvyknout; (ne)zvyknu si; zvykám si // nechtěl/a jsem se vrátit; (ne)vrátím se; (ne)vracím se // nesměl/a jsem nic říct; neřeknu; neříkám // chtěl/a jsem ti ukázat; ukážu; ukazuju // včera jsem musel/a vstávat; vstanu; vstávám // chtěl/a jsem tady zůstat; zůstanu; zůstávám // chtěl/a jsem si prohlédnout; prohlédnu si; prohlížím si // nemohl/a jsem ti pomoct; nepomůžu; nepomáhám // chtěl/a jsem připravit; připravím; připravuju

17. nedíval/a jsem se // neumyl/a jsem se // neumyl/a jsem si atd.

18. přijede // přijedou // nepřijde // nepřijde // odjedou // odjede // sejdeme se // nepůjdete // vyjdeme // vyjde // vyjdou // nevyjedou // projdeme se // přejdeme // půjdeš // pojedeš

19. přicházím // přicházíš // odcházím // scházíme se // procházíme se // přecházíme // procházíme // vychází // přecházíme // přijíždí // odjíždí // odjíždím // přijíždím // vjíždí // vjíždí // se sjíždí // jdeš // nejedu

20. jsem přicházel; budu přicházet // jsem přecházel; budu přecházet // odcházel; bude odcházet // scházeli jsme se; budeme se scházet // přijížděl; přijede // jsme chodili; budeme chodit

22. čekat // dělat // udělat // vypil // napsala jsi // učila jsem se // učila ses / naučila ses // budu nakupovat // kupuješ/koupíš // koupila jsem // sprchovat se // přijíždí/

přijede // zvykl jsem si // vracíme se / vrátíme se // vzal jsem si // zapamatovat si // poděkovat // zeptat se // ukázat // zaplatil // připravoval ses // voláš // přišel // podívat se // dostávám

25. A f, B d, C g, D a, E b, F e, G c

29. pokoje; nepořádek // málo // nejezdí/nefunguje; bolí mě // fronta // mejdany; unavený/á // hluk // trouba // soukromí

LEKCE 10

3. do školy; ve škole // do kavárny; v kavárně // do cukrárny; v cukrárně // do opery; v opeře // do klubu; v klubu // do parku; v parku // do baru; v baru // do supermarketu; v supermarketu // do kina; v kině // do divadla; v divadle // do fitness centra; ve fitness centru; do restaurace; v restauraci
do Madridu; v Madridu // do Bruselu; v Bruselu // do Londýna; v Londýně // do Berlína; v Berlíně // do Iránu; v Iránu // do Barcelony; v Barceloně // do Ameriky; v Americe // do Vídně; ve Vídni // do Paříže; v Paříži // do Budapešti; v Budapešti // do Itálie; v Itálii // do Osla; v Oslu // do Dánska; v Dánsku
na koncert; na koncertě // na oběd; na obědě // na kávu; na kávě // na procházku; na procházce // na fakultu; na fakultě // na poštu; na poště // na kolej; na koleji // na nádraží; na nádraží // na výlet; na výletě // na západ Evropy; na západě Evropy // na sever; na severu, na jih; na jihu // na východ; na východě // na Island; na Islandu; na Ukrajinu; na Ukrajině // na Malorku; na Malorce // na Krétu; na Krétě // domů; doma

4. na skvělém mejdanu, na hlavním nádraží, na pražském letišti, na koleji Hvězda, na velké večeři, na španělské pláži, v Českém Krumlově, na italské ambasádě, na Václavském náměstí, v Jižní Americe, v Národní galerii, na Malé Straně, ve Stavovském divadle, v klubu Radost

7. o // na // o // při // na // v // o // o // na // po // po

9. v kině na Čokoládě; v desáté řadě // na dovolené v Rakousku; ve Vídni a Salcburku a Linci // na stadionu Sparta na fotbalu/e // v klubu na koncertě

10. o Hanně a Juanovi, Evropské unii, Michaelu Douglasovi, českém jídle, prezidentu Klausovi, metalové hudbě, britské monarchii, filmu Kill Bill, české kultuře, Martině Navrátilové, globalizaci, terorismu, češtině, globálním oteplování

11. na mojí/mé rodině, bratrovi a sestře, posledním testu, mojí/mé přítelkyni, tvojí/tvé radosti, mém studiu, míru ve světě, dědečkovi a babičce, mém příteli, zdraví přátel, dobrém bytě, té zkoušce, vás, ničem

12. o něm // po nich // na ní // po ní // o tobě // o mně // ve vás // po čem // na čem // na kom

13. po // na // v; na // v // v // na // na // ve // po // ve; v // po // o // v // ve; v // ve; v // v // na; po // v

17. vlakem, autobusem, tramvají, metrem, lodí, autem, letadlem, taxíkem, autostopem

18. pomalým vlakem, autem rodičů, prázdným autobusem, levným letadlem, plnou tramvají, pražským metrem, velkou lodí, pražským taxíkem

20. před: pokladnou kina Evald // filozofickou fakultou // Národním muzeem // novým letištěm // hlavní poštou // pražským orlojem // Národní knihovnou // barokním palácem // Národní galerií // Jindřišskou věží // hospodou U sv.Tomáše // pivnicí U Černého vola // stanicí metra Můstek // zahraničním oddělením // hlavní budovou fakulty

21. v Ústí nad Labem, Kolíně nad Rýnem, ve Frankfurtu nad Mohanem; do Benátek nad Jizerou, Veselí nad Moravou, Hluboké nad Vltavou

23. Staroměstským náměstím; pivem // Rudým náměstím; Kremlem // Koloseem // Evropským parlamentem // Eiffelovou věží; Vítězným obloukem // sochou svobody // visutým mostem // Buckinghamským palácem // Romeem a Julií // šikmou věží // obrazem Mona Lisa/Mona Lisou // obrazem Guernica/Guernikou // románem Žert/ Žertem // románem Dobrý voják Švejk/Dobrým vojákem Švejkem // operou Aida/Aidou

25. s ním // s ním; s ní // se mnou; s tebou // před vámi; mezi námi; s vámi

26. s pobytem/s ním // s ubytováním/s ním // se situací/s ní // s mým překladem/ se mnou // s tvojí/tvou prací/s tebou // s jejich názorem/s nimi // s vaším návrhem/ s vámi // s tou odpovědí/s tím

27. mezi: západem // východem // severem // jihem // dnem // nocí // městem // venkovem // mnou // tebou // Hanou // Honzou // Juanem // Hannou

30. v kině Aero/Aeru // Lucerně // Slovanském domě // Hostivaři // Matu // Hvězdě // devítka // desítka // šestnáctka // dvaadvacítka // šestadvacítka // metro / trasa A / áčko // metrem; trasou B / béčkem; stanici // tramvají 9, 10, 16 / devítkou, desítkou, šestnáctkou; zastávce // tramvají 3 / trojkou; zastávce // tramvají 22, 26 / dvaadvacítkou, šestadvacítkou; zastávce

LEKCE 11

2. rodiče, bratr, sestra, sourozenci, prarodiče, vnuk, vnučka, dvojče, dvojčata, příbuzní // ženatý, vdaná, svobodný, svobodná, bezdětná, rozvedený, rozvedená, vdovec, vdova, v důchodu, v domácnosti

3. moji/mí mladí kamarádi // dva/tři/čtyři tlustí studenti // ti líní sloni // dobří doktoři // kteří doktoři jsou dobří // hezcí kluci // žádní tiší Češi // drazí pstruzi // moji/mí kamarádi jsou přátelští // tvoji/tví přátelé jsou sympatičtí // jací kluci // pohlední; chytří // to jsou ti naši noví sousedi // to jsou moji/mí milí bratři // naši proděkani // dobří inženýři // to jsou moji/mí němečtí kolegové // naši čeští lektoři // známí čeští zpěváci a herci // jsou to tvoji dobří kamarádi // vaši učitelé // ti noví mladí politici nejsou špatní

6. Češi, Slováci, Poláci, Francouzi, Japonci, Korejci, Finové, Rusové, Norové, Dánové, Italové, Angličané(i), Američané(i), Číňané(i), Španělé

11. kamarády a kamarádky // bratry a sestry // Američany a Američanky // Čechy a Češky // kluky a holky // profesory a profesorky // sousedy a sousedky // zpěváky a zpěvačky // spisovatele a spisovatelky // manažery a manažerky // bratrance a sestřenice // přátele a přítelkyně

12. některé // některé // některá // někteří // někteří // někteří; některé // někteří; některé // někteří

13. každý // každou // každé // všechny; každá // všechna // každého; každým // každou // všichni // všechny // všechny // všechny // všichni // všechna // všechna // všechno // každý // každá // všechno // všechny // všechny; všichni // všechno // všechno // vše // všeho // všechno // všichni

14. všechno možné; nic // všeho možného; ničeho // o všem možném; o ničem // po všem možném; po ničem // se vším možným; s ničím // na všem možném; na ničem // všechno možné; nic // všemu možnému; ničemu // všechno možné; nic

16. každého // každému // každého // o nikom // každým

17. a) na; na; za; za // b) na; do; za // c) do; do; v; v; na // d) za e) do; na; na; na; pro // f) u; na // g) do; na; na // h) u; u; před; do // i) ve; za; na

18. z/ – / v/ – / na/ s/ v/ z/ na/ o/ v/ na/ na (do Opery)/ ve/ s/ –/ na/ –/ ve/ v/ na/ bez/ na/ na/ v/ po/ do/ do/ –/ v/ do/ do/ do/ – / ze/ na/ na/ do/ v/ do

LEKCE 12

3. tomu cizímu slovu; tomu českému zvyku; jeho problému // vaší otázce; jejímu návrhu; jejich plánu; moderní hudbě; ničemu // tvému novému kamarádovi; tvoji/tvé nové kamarádce // babičce; dědečkovi; matce; otci; bratrovi; sestře; nikomu // tomu dobrému vtipu; té české komedii // příteli; přítelkyni; panu profesoru Janu Novákovi // panu profesorovi; paní profesorce; panu předsedovi Zdeňku Vítkovi // Pavlovi; Markovi; Haně; Aničce; Lucii // špatnému vtipu; špatné známce; ošklivému počasí // panu prezidentovi; Karlovi; kampani proti kouření // k jídlu; k pití; k čaji; ke kávě

4. k té sukni / k tomu pásku // k tomu obleku // k té košili // k tomu roláku // k tomu saku // k tomu tričku // k červené // k modré // k bílé // ke všemu

5. benzínové pumpě // tomu žlutému domu // nové trafice // tramvajové zastávce // vašemu vysvětlení // vaší pomoci // tomu novému mladému autorovi // jedinému slovu // filozofické fakultě // statní hranici // válce a terorismu // Harrymu Potterovi

6. hokeji před fotbalem // vážné hudbě před džezem // pivu před vínem // dovolené ve Finsku před dovolenou ve Španělsku // staré architektuře před moderní architekturou // studiu před prací // letadlu před vlakem // džusu před kolou // bytu před vilou // městu před venkovem // józe před aerobikem

7. a) k nám; k vám; k nim // b) proti mně; proti tobě; proti tobě // c) mi; tobě; mně; ti; ti; tobě; jemu; proti mně; proti němu; proti nám; vám // d) díky tobě; ti // e) ti; mu; jí; jim; mi; jemu; jí; jim // f) mu; jim; mi; jemu; jí; jim

8. mi // ti // nám // vám // mu // jí

9. mně; tobě; jemu; jí; jim; nikomu; nám // mně; tobě; jemu; jí; nám; vám, jim; všem // mně; jemu; tobě; jemu; jí

10. sebe // si // sobě // sebe // o sobě // o sobě // se sebou // se sebou

11. a) jim; si; ti; si; mi; ti; ti; mi; si; ti; mi; si; ti; mi; mně // b) se; se; se // d) sebe; sobě; sebe; sebe; o sobě // e) sebe; sebe; sebe; si // f) s sebou; s sebou // g) sebe; sebou; sebou

12. mile // prátelsky // mladě // staře // vesele // šťastně // ospale // unaveně // smutně // vesele a překvapeně // rozzlobeně/naštvaně // ustaraně // nemocně // soustředěně // opáleně

15. 1. bojácný; 2. statečný; 3. sobecký; 4. zvědavý; 5. přejícný; 6. smutný; 7. netrpělivý; 8. žárlivý; 9. veselý; 10. ustaraný; 11. spolehlivý/odpovědný; 12. pracovitý; 13. líný; 14. sebejistý; 15. upřímný; 16. závistivý; 17. licoměrný; 18. zručný/šikovný

18. probuď se // nespi // umyj se // osprchuj se // ohol se // nasnídej se // pospěš si // nechoď pozdě // napiš // nekuř // jdi // zůstaň // vypij // vezmi si // zavolej // počkej // nebuď // měj se // nech

19. nedělej // nečti // nepiš // nejez // nepij // neplať // nevolej // nezvi // nehol se // nečekej // nechoď // nekupuj si // nepřekládej // neříkej // nevracej se // nejezdi // nezůstávej // neukazuj // neber si // nepůjčuj

LEKCE 13

3. udělal bys // přečetl by sis // napsal/a/i bys/te // přeložil by // řekla by // zaplatil/a/i bys/te // zavolali bychom // zůstali by // pozvali bychom // ukázal bys // oholil by ses // vzal by sis // počkali bychom // půjčil bys // šel/šla/šli bys/te // podíval by ses

4. mohli bychom // chtěl/a by se // udělal/a bych // díval/a by ses // jel/a by // bys nečekal/a // nedal/a by sis // neměl/a bych // by neměli // rozuměl/a by

5. neměl/a bys to dělat // měl/a/i bys/te přijít včas // měl/a bys studovat víc // měl/a bys tady zůstat // měl/a/i bys/te zavolat domů // neměl/a by tam chodit // měl/a by se na to zeptat // měl/a bys mu dát ještě jednu šanci // měl/a/i bys/te odpočívat víc // měl/a bys kouřit míň

6. jestli/když budu mít volno, pojedu / kdybych měl volno, jel bych // jestli/když dostanu dopis, odpovím / kdybych dostal dopis, odpověděl bych // jestli/když koupím nový byt, pozvu vás / kdybych koupil nový byt, pozval bych vás // jestli/když bude dobře vyslovovat, všichni mu budou rozumět / kdyby vyslovoval dobře, všichni by mu rozuměli // jestli/když přijdeš včas, koupíš lístky / kdybys přišel včas, koupil bys lístky // jestli/když bude unavená, bude odpočívat / kdyby byla unavená, odpočívala by // jestli/když nebudeš tomu rozumět, zeptáš se / kdybys tomu nerozuměl, zeptal by ses

8. až přijdu domů, zavolám ti // až se naobědvám, půjdu ven // až napíšu úkol, půjdu do kina // až se rozhodnu, řeknu ti // až ho uvidím, zeptám se na to // až mi zavolá, poděkuju mu // až příště přijedu, zase se sejdeme // až se probudím, vstanu // až skončí přednáška, půjdu domů

9. hezčí // dražší // lepší // horší // vyšší

10. o 9 let starší // o 199 let starší // o 4175 km delší // o 110 m vyšší // o 370 263 km^2 větší

11. nejstarších // nejlepších // nejstarších a nejhezčích // největších // největší // největších // největší // nejmenších // nejmenší // nejdelších // nejdelší // nejvyšších // nejvyšší

12. menší // větší // větší, dražší // lepší // nejlepší // horší // delší

13. dřív(e) // hůř(e) // víc(e) // lépe/líp // dál(e) // déle/dýl // méně/míň // lépe/líp // víc(e) // déle/dýl // víc(e)

14. větší byt, lepší auto // víc peněz, méně práce // méně chyb, lépe mluvit, méně se učit // lépe, méně, lepší práci, víc peněz // větší byt, lepší auto

16. abychom/abysme navštívili // aby nedělal // aby viděli // abych věděl // abych zarezervoval // aby učila // aby nečekali // aby mi udělala // aby nás pozvali // aby byl

17. řekl mi, abych to napsal; řekl jsem, že to nenapíšu; zeptal se mě, jestli bych to mohl napsat; zeptal jsem se, co mám napsat // řekl mi, abych přestal kouřit; řekl jsem mu, že nepřestanu; zeptal se mě, jestli bych mohl přestat kouřit; zeptal jsem se, proč mám přestat kouřit // řekl mi, abych si to přečetl; řekl jsem mu, že si to nepřečtu; zeptal se mě, jestli bych si to mohl přečíst; zeptal jsem se, co si mám přečíst // řekl mi, abych zavolal večer; řekl jsem, že mu nezavolám; zeptal se mě, jestli bych mohl zavolat; zeptal jsem se, kdy mu mám zavolat // řekl mi, abych mu řekl všechno; řekl jsem, že mu neřeknu nic; zeptal se mě, jestli bych mu mohl říct všechno; zeptal jsem se, co mu mám říct // řekl mi, abych mu půjčil peníze; řekl jsem, že mu nepůjčím; zeptal se mě, jestli bych mu nepůjčil peníze; zeptal jsem se, kolik potřebuje

18. co nejdéle/nejdýl // co nejlépe/nejlíp // co nejméně/nejmíň // co nejvíc(e) // co nejvíc // co nejdřív(e) // co nejdál(e)

BASIC CZECH II

Ana Adamovičová
Darina Ivanovová
Milan Hrdlička

Vydala Univerzita Karlova v Praze
Nakladatelství Karolinum
Ovocný trh 3–5, 116 36 Praha 1
Praha 2014
Prorektor-editor Prof. PhDr. Ivan Jakubec, CSc.
Redakce Jana Jindrová
Obálka a grafická úprava Jan Šerých
Mapa kartografické vydavatelství Žaket, www.zaket.cz
Sazba studio Lacerta (www.sazba.cz)
Vytiskla tiskárna Nakladatelství Karolinum
Třetí vydání

ISBN 978-80-246-2514-0

Jméno:

Datum:

Hodnocení (max. 60 bodů):

1. Put verbs into the plural: 5]

Dáš si ještě kolu? _____

Nechce jít do kina. _____

Nemůžu se na to dívat. _____

Musíš se učit. _____

Nesmí jíst dorty. _____

2. Fill in modal verbs according to the context: 5]

Jsem nemocný, _____ jít k doktorovi.

(já) _____ otevřít okno?

(vy) _____ tady kouřit!

Nevím, co (já) _____ dělat.

(my) _____ mluvit dobře česky.

3. Put the verbs into the past tense: 15]

Zajímáš se o umění? _____

Kolik platí za byt? _____

Musím vstávat brzo ráno. _____

Kde bydlíte? _____

Pracujou taky v sobotu. _____

Obléká se moderně. _____

Myslíme na vás. _____

Víš to jistě? _____

Díváš se často na televizi? _____

Mluví dobře anglicky. _____

4. Fill in the correct forms of personal pronouns: 5]

Znám (on) _____ moc dobře.

Čekáme na (vy) _____ dlouho.

Nemáte něco pro (já) _____?

Těším se na (ty) _____!

Často myslím na (on) _____.

5. Put the words in brackets into the accusative: 20]

Dáte si (káva nebo čaj) _____?

Znáte (naše nová kamarádka Zuzana) _____?

Mají (nový moderní byt) _____.

Zajímám se o (fotbal a historie) _____.

Hanna pořád myslí na (Juan) _____.

Máte (bratr nebo sestra) _____?

Máš rád (moje přítelkyně Jana) _____.

Znáš (nějaký český herec) _____?

6. Put the sentences into the negative form: 10]

Někdy mám čas. _____

Chci něco dělat. _____

Znám nějaký český román. _____

Někdo to umí. _____

Večer někam jdu. _____

Jméno:	Datum:
Hodnocení (max. 80 bodů):	

1. Put into the past tense: 15]

Kam (ty – jít) _____ včera?

Proč (oni – zavřít) _____ ten obchod?

(ty – číst) _____ něco od Kundery?

(ona – říct) _____ , že zítra zavolá.

(Juan – nejíst) _____ nikdy rybu.

(vy – mít) _____ velké štěstí.

Co (ty – dát si) _____ k jídlu?

Včera (my – psát) _____ test.

Jak dlouho (vy – žít) _____ v Americe?

Co (ty – chtít) _____ říct?

2. Choose the correct verb: 5]

Jak často (jedete / jezdíte) do ciziny?

(Jdu / chodím) na kurz češtiny.

Dnes večer (jdu / chodím) do divadla.

Příští týden (jedu / jezdím) na hory.

V Praze nikdy (nejedu / nejezdím) taxíkem.

3. Fill in the prepositions: 20]

Bydlím _____ pošty. Dnes nepůjdu _____ školy. Plánuju cestu ____ Ameriky. Můj kamarád je ___ Řecka. Sejdeme se ____ kina. Nepiju kávu ____ cukru. V Praze bydlím ____ kamaráda. Co je _____ vás nového? Četl jsi něco ____ Škvoreckého? Byl jsem v Berlíně ___ středy ____ pátku. _____ nás tam nebyl nikdo. Sedím _____ Juana. Hospoda ___ knihovny je _____ fakulty. _____ mě to není pravda. Ten hotel je levný, není ale ____ metra, je taky _____ centra. Večer přijdu _____ osmé hodiny. Do práce chodím _____ Národního divadla.

4. Put into the genitive singular: 20]

Půjdeme do (nový klub).   _____

Bydlím blízko (stanice metra).   _____

V létě pojedu do (Německo a Anglie).   _____

Je tvůj kamarád z (Madrid) nebo z (Barcelona)?   _____

Znáš knihy od (Marcel Proust)?   _____

Na oběd chodím do (restaurace) blízko (fakulta). _____

Dám si kus (francouzský sýr).   _____

Nemám rád čaj bez (cukr a citron).   _____

Včera jsem byl u (tvůj kamarád).   _____

Chceš jet do (Brno) nebo do (Bratislava)?   _____

5. Fill in personal pronouns in the genitive: 10]

Ještě jsem nebyl u (ona) _____.

Nepůjdeme bez (ty) _____.

Vážím si (oni) _____.

Bojíš se (já) _____?

Nebojím se ani (ty) _____, ani (on) _____.

Neví to nikdo kromě (oni) _____.

Můžu se (ty) _____ na něco zeptat?

Mám od (on) _____ zprávu.

Bydlí kousek od (my) _____.

6. Answer the questions: 10]

Kolikátého je dnes?   _____

Kdy máte narozeniny?   _____

Kdy začínají prázdniny? _____

Kdy končí náš kurz?   _____

Kdy jedete domů?   _____

Jméno:	Datum:
Hodnocení (max. 70 bodů):	

1. Put into the genitive plural: 10]

Mám hodně dobrých (kamarád a kamarádka) _____ _____.

Četl jsem moc (kniha a časopis) _____ _____.

Kolik jsi včera měl (pivo a minerálka) _____ _____?

Na oslavě bylo hodně (člověk a přátelé) _____ _____.

Kolik znáš českých (město a hrad) _____ _____?

2. Put into the genitive plural: 10]

Pojedu do (Karlovy Vary) _____

(francouzské Alpy) _____

(Jizerské hory) _____

(České Budějovice) _____

(Mariánské Lázně) _____

3. Fill in the correct numerals or adverbs of quantity 10]
   (e.g. *moc × málo, několik*, etc.):

Kolik je hodin? Jsou _____ hodiny.

Kolik máš peněz? Mám jen _____ koruny.

Kolik máš cédéček? Mám _____ cédéček.

Kolik znáš českých hereček? Znám jen _____ českou herečku.

Kolik umíš českých slov? Už umím _____ českých slov.

V Praze žije _____ cizinců.

Mám jen _____ otázku.

Má jen _____ chyby.

Na výstavě bylo _____ hezkých obrazů.

Mám _____ volné lístky na koncert.

Bylo tam _____ mých přátel.

4. Fill in the prefix: 12]

___dívám se na ten film. ___zvete taky Juana a Hannu? ___sprchuju se ráno.

___vařím večeři. Chci vám ___děkovat za všechno. ___volám večer.

___platím oběd. Kdy ___končí přednáška? Kdy ___pereš to prádlo?

___píšu úkol. Ne___piju celý džus. ___ptám se ho na to.

5. Put into the past tense and present tense: 15]

Co uděláš?   Co jsi udělal?   Co děláš?

Co řekneš?   _____   _____
Připravíš večeři?   _____   _____
Vrátíš se brzo?   _____   _____
Vstaneš včas?   _____   _____
Zvyknu si na to.   _____   _____

6. Put into the perfective present form (the meaning of the future):   5]

Kdo nepřišel na oslavu?   _____
Kdy jste přijeli?   _____
Kdy odjeli rodiče?   _____
Kde jste se sešli?   _____
Kdy vyšlo slunce?   _____

7. Choose the correct aspect: 8]

Musím se tě na něco ptát / zeptat.
Kdy se chceš zítra vracet / vrátit?
Už nebudu čekat / počkat!
Co chceš dělat / udělat o víkendu?
Jak často voláš / zavoláš domů?
Nemůžu si zvykat / zvyknout na to počasí.
Používáš / použiješ slovník často?
Do kdy tady zůstáváš / zůstaneš?

Jméno:	Datum:
Hodnocení (max. 90 bodů):	

1. Put into the locative case and use the correct preposition (*v* or *na*): 20]

Kde jste včera byli?

klub	___ _____	kino	___ _____
nákup	___ _____	večeře	___ _____
bar	___ _____	vinárna	___ _____
fakulta	___ _____	opera	___ _____
restaurace	___ _____	výlet	___ _____

2. Put into the locative case: 10]

Byl/a jsem

v (Národní divadlo) _____

na (džezový koncert) _____

na (výborný oběd) _____

v (internetová kavárna) _____

na (dlouhá procházka) _____

3. Put the pronouns into the locative case: 10]

Záleží mi na (ty) _____.

Stýská se mi po (on) _____.

Často mluví o (ona) _____.

Přišli po (my) _____.

Máme ve (vy) _____ dobré přátele.

Mluvili o (my) _____ hezky.

Po (kdo) _____ je ten kluk?

O (co) _____ přemýšlíte?

Přemýšlíme o (ten) _____ filmu.

Já přemýšlím o (ta) _____ knize.

4. Put into the instrumental case: 6]

Jím	chleba s (máslo)	_____	Piju	kávu se (šlehačka)	_____
	vejce se (sýr)	_____		čaj s (cukr)	_____
	párek s (hořčice)	_____		víno s (kola)	_____

5. Put the personal pronouns into the instrumental case: 5]

Souhlasím s (vy) _____.

Uvidíme se s (oni) _____ večer.

Kdy ses s (on) _____ seznámil?

Nemusíš přede (já) _____ hrát divadlo!

Není to, mezi (my) _____, nic zajímavého.

6. Put into the instrumental case: 10]

Sejdeme se před   (filozofická fakulta)   _____

(Národní knihovna)   _____

(pražský orloj)   _____

(hlavní nádraží)   _____

(Státní opera)   _____

7. Fill in the missing verb: 9]

_____ mi na tom testu. _____ s vaším názorem.

_____ se mi po moři. _____ o dovolené. _____ učitelem.

_____ letadlem. _____ po novém bytě. Moje nálada _____ na počasí.

_____ jsme se na schůzce ve čtvrtek večer.

8. Answer the questions: 3]

Jaké je dnes počasí?   _____

Jaké počasí máš rád/a?   _____

Které roční období máš rád/a?   _____

9. Fill in the prepositions and noun endings: 17]

_____ rok__ jsem byl ___ dovolené ____ Španělsk__. Nechtěl jsem jet ____ cestovní

kancelář___, ale ____ vlastní pěst. Letěl jsem letadl___. Ubytoval jsem se ___ hotelu.

Měl jsem pokoj ___ koupeln___ a balkon___. Byl jsem moc spokojený ____ pobyt___

a ____ strav____.

Jméno: Datum:

Hodnocení (max. 90 bodů):

1. Put into the nominative plural: 10]

Na filozofické fakultě studujou

Čech   _____   Fin   _____

cizinec   _____   Francouz   _____

Angličan   _____   Polák   _____

Španěl   _____   Ital   _____

Američan   _____   Rakušan   _____

2. Put into the nominative plural: 20]

Který doktor je dobrý?   _____

Jaký kluk se ti líbí?   _____

Tady je ten líný student.   _____

To je můj nový kamarád.   _____

To je známý český herec.   _____

Kdo je ten vysoký člověk?   _____

To je náš nový přítel.   _____

3. Put into the accusative plural: 12]

Mám (dobří kamarádi a kamarádky)   _____

Neznám (čeští politici a političky)   _____

Znáš moje (bratranci a sestřenice)   _____

Mám rád (banány a pomeranče)   _____

Zajímám se o (počítače a letadla)   _____

4. Say how do we say in Czech: 5]

Muž, který má manželku, je   _____

Žena, která už nemá muže, je   _____

Žena, která ještě nemá muže, je   _____

Syn mých rodičů je můj   _____

Sestra mé matky je moje   _____

11 TEST

5. Fill in _každý, -á, -é_ or _všichni, všechny, všechna_ 10]
   in the appropriate case and gender:

Byli tam _____ kromě mě.

Znáš _____ romány od Milana Kundery?

Školu mám _____ den.

Jsou _____ nová auta rychlá?

Půjdete tam _____?

_____ středu chodím na angličtinu.

_____ ráno pospíchám na metro.

Ochutnal jsi _____ česká jídla?

Znáš _____ studenty ze skupiny?

_____ moji kamarádi jsou moc fajn.

6. Fill in the prepositions: 23]

Co dávají ___ pátek odpoledne ____ kině Aero? Půjdeme ___ kina ____
nějaký dobrý film. Sejdeme se _____ kinem ___ půl šesté ____ pokladny. Nechci sedět
___ poslední řadě, koupíme lístky ___ desáté řady. ___ kině můžeme jít ___ restaurace
___ jídlo nebo ___ pití. Jedna dobrá restaurace je hned ___ rohem, druhá _____ kině.
Nevíš, ___ kolik tam mají plzeňské pivo? Je lepší předem rezervovat stůl ___ šest osob
____ osmou hodinu večer. Co budeš dělat ____ víkendu? Můžeme jet ____ nějaký výlet.
Kam pojedeš ___ létě? Já chci jet ___ moři ___ dva týdny.

7. Write five sentences about your hobbies: 10]

_____

_____

_____

_____

_____

Jméno:	Datum:
Hodnocení (max. 90 bodů):	

1. Put into the dative case: 15]

Večer půjdeme k (Honza a Hana) _____

Nerozumím (to nové slovo) _____

Nepodobá se (tatínek), ale (maminka) _____

Smála jsem se (dobrý vtip) _____

Musím (pan učitel) napsat dopis _____

Honza fandí (pražská Sparta) _____

Divím se (naše babička) _____

2. Fill in correct verb according to the context: 9]

(líbit se, hodit se, vyhovovat, slušet, chybět, stýskat se, chutnat, vadit, smát se)

Ten svetr mu opravdu moc _____.

Jak se ti _____ ta sukně?

Knedlíky mi vůbec _____.

Ten termín mi moc _____, zítra večer musím pracovat.

_____ mi po domově!

_____ mi, že pořád chodí pozdě.

Co vám _____?

_____ se ta sukně k té blůze?

_____ ____ tomu vtipu.

3. Fill in the prepositions with the dative case: 11]

Bydlím _____ parku. Přišel jsem sem jen _____ vám. _____ tomu dobrému
spisovateli teď studuje angličtinu. Proč jsi tak protivný, co máš _____ mně? Není mi
dobře, musím jít _____ doktorovi. Jsem _____ tvému nápadu! _____ čemu
se Hana zlobila na Honzu? V létě pojedeme _____ moři. Co si dáš ____ kávě? Dostal
____ narozeninám krásný dárek. _____ čemu se pohádali?

TEST

4. Fill in personal pronouns in the dative: 10]

(já) _____ to nemusíš vysvětlovat.

Honzo, líbil se (vy) _____ ten film?

Nelíbí se ani (já) _____, ani (on) _____.

Musím (on) _____ koupit nějaký dárek.

Půjdeš k (ona) _____, nebo k (on) _____?

(ty) _____ řeknu všechno a (oni) _____ neřeknu nic.

Co máš proti (oni) _____?

5. Fill in reflexive pronouns: 6]

On je sobec! Myslí jen na _____.

Jak _____ rozumíte s přítelem?

Co si vezmeš na _____ do divadla?

Jak dlouho _____ znáte ty a Honza?

Vezmi si s _____ svetr, je zima!

Hanna a Juan se k _____ docela hodí.

6. Write the opposites: 10]

upřímný	_____	milý	_____
trpělivý	_____	statečný	_____
smutný	_____	spolehlivý	_____
závistivý	_____	klidný	_____
líný	_____	sebejistý	_____

7. Fill in the mising words: 5]

Když jsem unavený, vypadám _____

Když jsem _____, vypadám šťastně.

Když jsem nemocný, vypadám _____.

Když jsem _____, vypadám nervózně.

Když jsem smutný, vypadám _____.

8. Put imperatives into the negative form: 7]

Udělej úkol! _____

Přečti noviny! _____

Sněz tu polévku! _____

Vezmi si další kousek! _____

Kup si nové boty! _____

Počkej na mě! _____

Půjč mu ty peníze! _____

9. Put imperatives into the positive form: 7]

Nevracej se brzo! _____

Nejezdi domů! _____

Neříkej mi nic! _____

Nepij ten džus! _____

Neplať oběd! _____

Nezvi je na párty! _____

Nepřekládej ten text! _____

10. Write something about yourself: 10]
   what do you look like and what are you like?

_____

_____

_____

_____

_____

_____

_____

Jméno:

Datum:

Hodnocení (max. 70 bodů):

1. Change infinitives into the conditional form: 12]

(já – jít) _____ do kina.

(ty – dívat se) _____ na film?

(oni – chtít) _____ přijít?

(já – moct) _____ se vás na něco zeptat?

(vy – nemít) _____ čas zítra?

(my – muset) _____ tam jít.

2. Change an imperative into advice by using *mít* in the conditional: 10]

Zavolej rodičům! _____

Zeptejte se na to! _____

Podívej se na ten film! _____

Přečtěte tu knihu! _____

Ať nám to řekne! _____

3. Make sentences using the conjuction *kdyby*:   10]

(já) mít čas, jít do kina

_____

(ty) víc studovat, udělat zkoušku

_____

(my) to vědět, říct vám to

_____

(oni) tady zůstat, naučit se dobře česky

_____

(ty) chtít, koupit si zmrzlinu

_____

4. Put the sentences into the future tense: 6]

Když jsem přišla domů, uvařila jsem si večeři.

_____

Když jsem ho potkala, mluvila jsem s ním.

_____

Když jsme cestovali po Evropě, viděli jsme spoustu zajímavých věcí.

_____

5. Fill in correct conjunctions: 14]

nebo, jestli, než, když, až, kdyby, aby, že

Doufám, _____ to budu umět. Nevím, _____ to budu umět. Myslím, _____ snad

ano. _____ tam nešel, nepotkal bys ho. Chci zůstat v Praze, _____ se lépe naučila

česky. Zeptal se mě, _____ může večer přijít. Poprosil mě, _____ mu půjčil peníze.

Určitě se uvidíme, _____ se vrátím. _____ se vrátím, zavolám, _____ ne, napíšu.

_____ se učím, poslouchám rádio. Čtu noviny, _____ věděl, co je nového ve světě.

Kdo je mladší: ty, _____ Honza? Honza je mladší _____ já.

6. Put the adjectives and adverbs into comparative or superlative forms: 18]

Mám (málo) _____ peněz než on. Mám (moc) _____ štěstí. Dnes (hodně) _____ prší

než včera. Počasí je (špatné) _____. Je mi (špatně) _____ než včera. Mám (vysoká)

_____ horečku. (hodně) _____ mě bolí v krku. Nemáš nějaké (dobré) _____ zprávy?

Kdo má (dlouhé) _____ vlasy? Kdo je podle vás (dobrý) _____ český spisovatel?

Studujeme na jedné z (stará) _____ univerzit v Evropě. Už nechci (dlouho) _____

čekat. Škoda že prázdniny nejsou (dlouhé) _____. Berlín je (daleko) _____, než jsem

si myslel. Zítra přijdu (brzo) _____. Kdo tady (dobře) _____ mluví česky? Mějte se co

(dobře) _____ a co (brzo) _____ se zase vraťte zpátky do Prahy!